Lieblingsplatz am Abend: der Autor am Lagerfeuer

Mit Wohnmobil „Hoppel" unterwegs in Tschechien

Band 272

OutdoorHandbuch

Norbert Bobrich

Womosapiens:
Geschichten rund ums Wohnmobil und seine Bewohner

Womosapiens

Copyright Conrad Stein Verlag GmbH.
Alle Rechte vorbehalten.

Der Nachdruck, die Übersetzung, die Entnahme von Abbildungen, Symbolen, die Wiedergabe auf fotomechanischem Wege (z. B. Fotokopie) sowie die Verwertung auf elektronischen Datenträgern, die Einspeicherung in Medien wie Internet (auch auszugsweise) sind ohne vorherige schriftliche Genehmigung des Verlages unzulässig und strafbar.

Alle Informationen, schriftlich und zeichnerisch, wurden nach bestem Wissen zusammengestellt und überprüft. Sie waren korrekt zum Zeitpunkt der Recherche. Eine Garantie für den Inhalt, z. B. die immerwährende Richtikeit von Preisen, Adressen, Telefonnummern sowie Internetadressen, Zeit- und sonstigen Angaben, kann naturgemäß von Verlag und Autor – auch im Sinne der Produkthaftung – nicht übernommen werden.

Der Autor und der Verlag sind für Lesertipps und Verbesserungen (besonders per E-Mail) unter Angabe der Auflagen- und Seitennummer dankbar.

Dieses OutdoorHandbuch hat 128 Seiten mit 58 farbigen Abbildungen. Es wurde auf chlorfrei gebleichtem Papier gedruckt, in Deutschland klimaneutral hergestellt und transportiert und wegen der größeren Strapazierfähigkeit mit PUR-Kleber gebunden.

ClimatePartner°
klimaneutral

Druck | ID 10951-1712-1003

Dieses Buch ist im Buchhandel und in Outdoor-Läden erhältlich und kann im Internet oder direkt beim Verlag bestellt werden.

OutdoorHandbuch aus der Reihe „FernwehSchmöker", Band 272

ISBN 978-3-86686-474-0   3. Auflage 2018

© BASISWISSEN FÜR DRAUSSEN, DER WEG IST DAS ZIEL und FERNWEHSCHMÖKER sind urheberrechtlich geschützte Reihennamen für Bücher des Conrad Stein Verlags

Text und Fotos: Norbert und Uschi Bobrich
Lektorat: Amrei Risse
Layout: Manuela Dastig

Gesamtherstellung: gutenberg beuys feindruckerei

Dieses OutdoorHandbuch wurde konzipiert und redaktionell erstellt vom:

Conrad Stein Verlag GmbH,
Kiefernstr. 6, 59514 Welver,
☏ 023 84/96 39 12, FAX 023 84/96 39 13,
✉ info@conrad-stein-verlag.de,
🖥 www.conrad-stein-verlag.de

Besuchen Sie uns bei Facebook & Instagram:

 www.facebook.com/outdoorverlag

 www.instagram.com/outdoorverlag

Titelfoto: Mit Wohnmobil „Hoppel" in Denia (Spanien)

Inhalt

Vorwort ... 8

Entwicklungsgeschichte der Gattung „Womosapiens" ... 9
„Tauben" ... 11
„Kraniche" ... 12
„Paradiesvögel" ... 14

„Das Reisevirus" ... 16

Wie wurden wir zu Womosapiens? ... 17

Leben mit und im Wohnmobil ... 22

Alltag eines Womosapiens ... 24
Stellplatzsuche, oder: Wer die Wahl hat, hat die Qual. ... 24
Ankunft auf einem Stellplatz ... 38
Kochen ... 40
Spülen und Putzen ... 45
Abendgestaltung ... 46
Die Nacht ... 48
Der Morgen ... 49
Ver- und Entsorgung ... 50

Unterwegs ... 67
Abfahrt ... 67
Kilometer ... 69
Parkplätze ... 69
Stadtbesichtigungen ... 71
Straßenverhältnisse/Hindernisse ... 75
Autofahrer ... 89

Natur	90
Landschaften	90
Flora	98
Fauna	100
Wetter	111
Kultur und Menschen	116
Kultur	116
Aberglaube und Glaube	117
Sitten und Brauchtum	119
Begegnungen	121
Gastfreundschaft	124
Pause	126

Anzeige

Vorwort

Dieses Buch ist für alle bestimmt, die Spaß am Reisen im Allgemeinen und mit einem Wohnmobil im Besonderen haben. Es ist weder ein Reiseführer noch ein Handbuch für das Leben im Wohnmobil, obwohl es auch einige Tipps enthält. Vielmehr soll es auf unterhaltsame Weise einen Blick hinter die Kulissen des Wohnmobil-Alltags ermöglichen.

Dazu gehören auch philosophische Betrachtungen zu den Bewohnern von Wohnmobilen (Womosapiens) und ihrem Verhalten. Es wird beschrieben, wie sie sich zu dem entwickelt haben, was sie sind, und welche Unterarten es gibt.

Das Buch beinhaltet die Erfahrungen einer zweieinhalbjährigen Reise durch Europa und die Erlebnisse von Wohnmobilreisen u. a. durch Neuseeland, Namibia, Argentinien, Chile, Kanada und Alaska. Unsere Europareise führte uns durch 30 verschiedene Länder. Wir umrundeten die Ostsee, die Iberische Halbinsel und die Adria ebenso wie die Balkanhalbinsel. Obwohl sich die Erlebnisse der 100.000 km langen Reise in diesem Buch widerspiegeln, ist es aber kein Reisebericht.

Neben sachlichen Daten und Fakten spielen Gefühle, Empfindungen und Beobachtungen eine große Rolle. Insbesondere wird beleuchtet, wie zwei Personen auf engstem Raum zusammenleben, die ein Leben mit Haus und Garten gewöhnt waren.

Wir - das sind meine Frau Uschi und ich - hatten uns schon lange vorgenommen, Europa zu bereisen, wenn wir nicht mehr arbeiten. Dies haben wir im Alter von 50 Jahren verwirklicht und beide unseren Beruf aufgegeben. Haus und Möbel wurden verkauft und seitdem reisen wir durch die Lande. Die Wohnmobiltour durch Europa sollte nur der erste Teil eines längeren Weges sein.

Die Ausführungen erheben keinen Anspruch auf Vollständigkeit. Kommentare stellen meine persönliche Anschauung dar, die von der Meinung und den Erfahrungen anderer abweichen kann.

Vielleicht liest der ein oder andere Womosapiens dieses Buch, erkennt sich wieder und kann die beschriebenen Beobachtungen bestätigen. Ein angehender Womosapiens kann möglicherweise seine Vorstellungen vom Leben im Wohnmobil intensivieren oder revidieren.

Entwicklungsgeschichte der Gattung „Womosapiens"

Wie schon aus dem Buchtitel hervorgeht, handelt es sich bei Menschen der Gattung „Womo sapiens" (im Folgenden: „Womosapiens") um Reisende mit dem Wohnmobil. In diesem Kapitel möchte ich beleuchten, wie es meiner (nicht wissenschaftlich belegten) Theorie nach im Rahmen der Evolution zur Entwicklung dieser Spezies gekommen ist. Welche Untergruppen es gibt und wie sie sich unterscheiden, ist ebenfalls ein Thema. Bewusst habe ich auf Recherchen in wissenschaftlichen Studien verzichtet und stattdessen meine eigenen Gedanken zu Papier gebracht.

Um den Womosapiens beschreiben zu können, muss zunächst die Campingkultur im Allgemeinen betrachtet werden:

Am Anfang stehen die Liebe zur Natur und der Freiheitsdrang der Menschen. Ungebundenheit und Flexibilität spielen neben dem Kostenfaktor eine wesentliche Rolle. So mancher Wohnmobilist hat in jungen Jahren die Ferien auf dem Fahrrad und in einem Zweimannzelt verbracht und dabei diese Art des Urlaubs zu schätzen gelernt. Ungezwungen und leger geht es zu. Man kann die Natur mit ihren Eskapaden hautnah erleben und den Körper bei Gegenwind und Regen spüren, die Abende am Lagerfeuer genießen und den Geräuschen des Waldes in der Nacht lauschen. Wäre er damals nicht dieser Atmosphäre verfallen, wäre er heute kein Womosapiens, sondern würde in einem Luxushotel in Dubai sitzen oder am Strand auf Mallorca liegen.

Etwas später, nachdem die Zeltplätze und Baggerseen der näheren Umgebung ausreichend erkundet sind, zieht es den zukünftigen Wohnmobilisten weiter weg. Dies ist mit dem Motorrad und kleinstem Gepäck wunderbar zu bewerkstelligen, ohne auf den hautnahen Kontakt mit der Natur und die Campingatmosphäre verzichten zu müssen.

Im Laufe der Jahre werden die Knochen etwas steifer und das Bedürfnis nach mehr Komfort wächst. Leider lässt sich das nicht mit dem Platzangebot auf einem Motorrad vereinbaren. Da auch die zurückzulegenden Strecken immer größer werden, bedient er sich jetzt eines Autos und eines größeren Hauszeltes. Immerhin muss der inzwischen eingetroffene Nachwuchs auch noch untergebracht werden.

In den Sommerferien Urlaub zu machen ist ja gut und schön, aber was ist mit den Oster- und Herbstferien? Die wollen auch genutzt werden. Im Zelt wird es jetzt allerdings zu kühl. Das Auto mit Anhängerkupplung ist sowieso vorhanden, da liegt es nahe, sich einen Wohnwagen anzuschaffen. Jetzt kann man jedes Wochenende auf dem Campingplatz am Baggersee oder am Fluss verbringen und trotzdem dreimal im Jahr in den Urlaub fahren. Allmählich wird es aber langweilig, im Urlaub immer an den gleichen Ort zu fahren und immer nur die Umgebung des Campingplatzes zu besichtigen. Es gibt doch noch so viel zu sehen! Eine Rundreise, das wäre jetzt das Richtige. Aber mit dem Wohnwagen jeden Tag einen neuen Stellplatz zu suchen ist ganz schön umständlich und nervenaufreibend. Ein Wohnmobil muss her. Probieren wir erst einmal, ein kleines Womo zu mieten. Na also, das ist doch eine feine Sache. Man kann umherreisen, ohne jeden Tag neu auf- und abbauen zu müssen. Koffer braucht man auch keine zu schleppen. Man hat das Haus dabei: eine sehr praktische Angelegenheit.

Jetzt muss nur noch grundsätzlich entschieden werden, ob man ein Wohnmobil kauft oder weiterhin bei Bedarf nur mietet. Das hängt natürlich von den individuellen Bedürfnissen und dem jeweiligen Geldbeutel ab. Es macht aus meiner Sicht aber keinen Sinn, ein Wohnmobil zu kaufen, wenn man beabsichtigt, damit nur drei Wochen im Jahr in den Urlaub zu fahren.

Ob jemand zum Womosapiens wird oder nicht, hat nichts mit der sozialen Herkunft zu tun. Wir haben Womosapiens der unterschiedlichsten Berufsgruppen und sozialen Ursprünge kennengelernt, vom einfachen Arbeiter bis hin zum Prof. Dr. Dr. oder ehemaligen Unternehmer. Sogar der Besitzer eines großen Hotels war darunter. Das Schöne ist: Auf dem Stellplatz sind alle fast gleich. Ist erst einmal der Nadelstreifenanzug oder Blaumann gegen einen Jogginganzug getauscht, ist die Herkunft unwichtig. Die Tatsache, dass sich fast alle Womosapiens duzen, spielt dabei sicher auch eine wesentliche Rolle.

Klar, wir haben auch überhebliche Dickschiffbesitzer (Dickschiffe = Wohnmobile, die länger als 10 m sind) mit Smart-Garage im Heck getroffen. Aber im Großen und Ganzen sind die Womosapiens sehr freundliche, aufgeschlossene Leute.

Durch Beobachtung unserer „Kollegen" bin ich zu dem Schluss gekommen, dass es drei Arten von Womosapiens gibt:

Entwicklung des Womosapiens

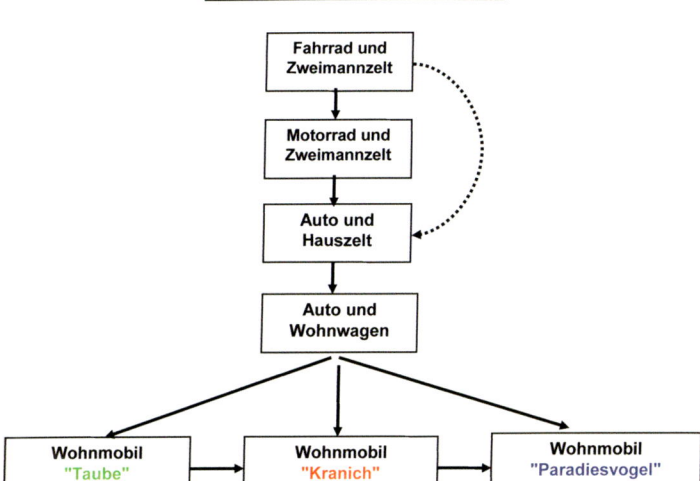

„Tauben"

Typisches Merkmal der Womosapiens-Tauben ist die Tatsache, dass sie immer wieder in den heimischen Schlag zurückkehren. Das Durchschnittsalter ist nicht sehr hoch. Häufig handelt es sich um Familien mit Kindern, vom Säugling bis zum pubertären Jugendlichen.

Da die Tauben in der Regel einen Beruf ausüben, sind sie meist nur kurzzeitig unterwegs, legen dabei aber häufig große Strecken zurück. Der Berufstätigkeit der Insassen entsprechend begegnet man den Wohnmobilen der Tauben zur Ferienzeit häufiger als im Rest des Jahres.

Typische Tauben sind z. B. die Italiener, die innerhalb von drei Wochen von Süditalien zum Nordkap und zurück fahren.

Wie die echten Vögel sieht man die Womosapiens-Tauben häufig gemeinsam reisen. Das bedeutet, sie fahren mit zwei bis vier Fahrzeugen im Konvoi.

Die Freizeitgestaltung der Tauben unterscheidet sich deutlich von der der Kraniche und Paradiesvögel. Sportliche Aktivitäten stehen im Vordergrund, beliebt sind vor allem Wandern, Radfahren, Ballspiele und alle Arten von Wassersport. Dementsprechend ist eine Ausrüstung mit Sportgeräten zu beobachten. Haustiere führen sie dagegen eher selten mit sich, mit Ausnahme der Kuscheltiere der Kinder.

Eine Gruppe „Tauben"

Die Wohnmobile sind oft nur gemietet und nicht besonders groß, meist kürzer als 6 m, vom Typ „Alkoven" und jünger als fünf Jahre. Technisch sind sie minimalistisch ausgestattet, d. h. meist sind weder Klimaanlage noch Satelliten-Fernsehanlage vorhanden. Auch Solarzellen auf dem Dach sieht man selten.

Aufgrund der beengten räumlichen Verhältnisse im Fahrzeug, wenn man in Begleitung von Kindern reist, übernachten Tauben am liebsten auf Campingplätzen mit guten sanitären Anlagen und umfangreichen Freizeitangeboten. Generell bevorzugt die Mehrzahl der Tauben Plätze, an denen „etwas los ist". Wenn überhaupt, suchen sie eher Kontakt zu gleich gesinnten Tauben als zu Kranichen oder gar Paradiesvögeln.

„Kraniche"

Das Durchschnittsalter der Kraniche liegt in der Regel jenseits des Pensionsalters und ist nach oben fast offen. Einmal trafen wir ein holländisches Paar wild campend an einem spanischen Strand, wo sie (78) sich darüber beschwerte, dass ihr Mann (86) nicht mehr fahren wolle und sie das nun tun müsse. Es gibt allerdings auch einige Frührentner.

Nur selten sieht man Kraniche in Begleitung von Kindern, dafür aber häufig mit einem vierbeinigen Weggefährten (☞ Fauna).

Die Fahrzeuge der Kraniche haben in der Regel eine Länge über 6 m und sind manchmal vom Typ „Teilintegriert", meist aber vollintegrierte Wohnmobile unterschiedlichsten Alters. Meist befinden sie sich im Besitz der Kraniche und sind entsprechend gut ausgerüstet: Satellitenschüssel auf dem Dach, dazu eine Klimaanlage und häufig eine oder mehrere Solarzellen. Insgesamt ist die Ausrüstung von der Markise bis hin zu den Campingmöbeln von besserer Qualität und umfangreicher als bei vielen Tauben. Das braucht der Kranich auch, denn er ist ein Zugvogel, der typischerweise im Süden überwintert, was bedeutet, dass er längere Zeit unterwegs ist und entsprechend mehr Ausrüstung benötigt. Das Schwierige dabei ist, die Beladungsgrenzen nicht zu überschreiten.

Die beliebtesten Ziele zum Überwintern sind Marokko, Spanien und Portugal. Es heißt, dass im Winter bis zu 50.000 Wohnmobile den Süden der Iberischen Halbinsel überfluten. Die Mehrheit bilden die Engländer, gefolgt von Deutschen und Holländern, einigen Franzosen und ein paar wenigen Skandinaviern.

Wenn man mehrere Monate im Jahr unterwegs ist, braucht man natürlich die entsprechende Ausstattung, denn man will es wenigstens annähernd so bequem haben wie zu Hause. Um z. B. flexibler zu sein, ist ein weiterer fahrbarer Untersatz sehr hilfreich. Dabei reicht manchen ein Klappfahrrad, andere bevorzugen einen Motorroller, und gelegentlich nimmt der ein oder andere sogar die Mühe auf sich, einen Anhänger mit einem Kleinwagen hinter dem Womo herzuziehen.

Die überwiegende Mehrheit der Kraniche weiß auch die Annehmlichkeiten eines Campingplatzes zu schätzen. Ausnahmen bestätigen hier die Regel. Dies hängt in erster Linie vom bereisten Land und dem Angebot an Womo-Stellplätzen bzw. der Toleranz der Behörden gegenüber Wildcampern ab.

Kraniche sind wesentlich kontaktfreudiger als Tauben und Paradiesvögel. Nicht selten kommt es vor, dass sie nach wenigen Minuten schon die halbe Lebensgeschichte und, altersbedingt, die Krankengeschichte der einzelnen Personen in der „Nachbarschaft" ihres Womos kennen. Genauso bereitwillig tauschen Kraniche aber auch Tipps über schöne Stellplätze oder andere praktische Erfahrungen aus.

„Paradiesvögel"

Diese Spezies zeichnet sich dadurch aus, dass sie weder über das Alter noch über das Fahrzeug zu klassifizieren ist. Paradiesvögel leben entweder immer oder zumindest die meiste Zeit des Jahres in ihrem Wohnmobil. Es handelt sich bei den meisten um Pseudostudenten, Lebenskünstler oder Aussteiger mit entsprechendem Freiheitsdrang. Sie sind überall anzutreffen, am häufigsten aber dort, wo es warm ist. Dabei kommt es nicht auf ein paar Monate an und im Zweifelsfall fahren sie dem schönen Wetter hinterher. Die Bandbreite der Fahrzeuge reicht vom kleinen „Ei" bis hin zum Dickschiff jenseits der 10-m-Marke. Häufig handelt es sich dabei um selbst ausgebaute Fahrzeuge, meistens ausrangierte Busse. Man sieht aber auch umgebaute Militärfahrzeuge oder Krankenwagen. Entsprechend lange liegt das Erstzulassungsdatum zurück. In Spanien sahen wir einen umgebauten Lkw mit Anhänger, der so alt war, dass der Besitzer ein Schweißgerät dabeihatte, um regelmäßig Reparaturen vornehmen zu können.

Da die Paradiesvögel meist viel Zeit haben und häufig künstlerisch begabt sind, kann man fantasiereiche Bemalungen bestaunen. Dabei spiegeln sich Träume ebenso wider wie Reise-Erfahrungen. Wir haben auch schon Wohnmobile mit Blumenkästen an den Fenstern bewundern können.

So vielfältig die Fahrzeuge sein können, so exotisch und ausgefallen sind auch deren Besitzer. Man begegnet Lebenskünstlern aller Altersgruppen, aber meist sind sie unter 30 oder älter als 60. Häufiger als bei Tauben und Kranichen trifft man bei Paradiesvögeln auf alleinreisende Wohnmobilisten. Meist sind es Männer mit kleineren, selbst ausgebauten Fahrzeugen. Nach unseren Erfahrungen haben gerade diese alleinreisenden Männer immer viel zu erzählen.

Zu den Paradiesvögeln zählen wir aber auch die mutigen Jungfamilien, die eine berufliche Auszeit genommen haben und mit einem Baby im VW-Bus für ein Jahr durch die Lande reisen. Die Mehrheit der Paradiesvögel hat einen oder mehrere tierische Reisebegleiter dabei. Auffällig ist, dass größere Hunderasse bevorzugt werden - anders als bei den Kranichen.

Paradiesvogel mit künstlerischer Begabung

Dem Freiheitsdrang (und manchmal dem Geldbeutel) entsprechend liebt es der Paradiesvogel, frei in der Wildnis oder am Strand zu übernachten. Mutig wagt er sich auch in verstecktes und schwer erreichbares Terrain vor. Hauptsache, der Platz ist verschwiegen, hat eine tolle Aussicht und es sind nicht allzu viele Gleichgesinnte da. Es ist der Stolz jedes Paradiesvogels, ein neues, unbekanntes Stellplätzchen erschlossen zu haben.

Einige Paradiesvögel trafen wir mehrmals und es kam auch vor, dass manche mit ihrem selbst ausgebauten Dickschiff fünf Monate am selben Fleck verbrachten. Wie eine Festung thronten sie auf der Düne, mit Blick aufs Meer. Das wäre uns zu langweilig gewesen. An der Algarve in Südportugal trafen wir einen Paradiesvogel, der während des Aufenthaltes frische Brezeln an die Womosapiens verkaufte, um sein Budget aufzubessern.

Die Empfehlung und Weitergabe schöner Plätze erfolgt höchstens an andere Paradiesvögel und nur selten an Kraniche oder Tauben. Campingplätze nutzt der Paradiesvogel höchstens einmal, um Wäsche zu waschen.

Natürlich ist dieses Raster nur sehr grob und alle Übergänge sind fließend. Selbstverständlich kann es auch verschiedene Arten des „Quereinstiegs" geben. Wir selbst stufen uns aufgrund unseres Reise- und

Lebensstils und wegen des Fahrzeugs zwischen den Kranichen und Paradiesvögeln und als Quereinsteiger ein.

Zu welchem Subtyp des Womosapiens Sie werden oder wurden, hängt allerdings auch von der Art des Reisevirus ab, mit dem Sie sich infiziert haben.

„Das Reisevirus"

Obwohl die Existenz des Reisevirus seit Hunderten von Jahren bekannt ist, liegen die Hintergründe zu großen Teilen noch im Dunkeln. Nach wie vor konnte das Virus nicht isoliert werden. Weder mit dem Elektronenmikroskop noch mit anderen modernen technischen Nachweismethoden wurde es bisher bildlich dargestellt. Allerdings weiß man heute schon einiges über die Infektionswege und dass es drei verschiedene Typen gibt (A, B und C), deren Krankheitsverläufe unterschiedliche Schweregrade aufweisen. Allen drei Typen ist allerdings gemein, dass sie chronisch verlaufen können und Symptome schubweise auftreten.

Ein Phänomen ist jedoch bis heute ungeklärt: Es gibt Menschen, die völlig immun gegen das Reisevirus sind. Man vermutet, dass dies mit dem Vorhandensein bzw. Fehlen von Rezeptoren zusammenhängt, an denen die Viren andocken können. So besagt eine Theorie, dass Viren des Typs A mit Epitopen besetzt sind, die leicht an Auto- oder Eisenbahn-Rezeptoren andocken können, während die Viren der Typen B und C überwiegend Flugzeug-Rezeptoren unterschiedlicher Größe bevorzugen. Daraus ergeben sich bei Infektion mit verschiedenen Typen auch unterschiedliche Verläufe. So bevorzugt ein mit Typ A Infizierter Reisen innerhalb Deutschlands oder der angrenzenden Nachbarländer. Die mit Typ B in Berührung kamen, fliegen gerne mit dem Flugzeug kürzere bis mittlere Strecken, wobei ganz besonders der wärmere Teil Europas, der Mittelmeerraum, hervorzuheben ist. Wie bei anderen Viren auch, sind die Verläufe bei Infektionen mit Typ C am kritischsten, denn Befallene sind bereit, hohe Kosten für Fernreisen auf sich zu nehmen und kein Reiseziel rund um den Globus ist ihnen weit und exotisch genug.

Die Übertragungsmechanismen der Viren sind sehr vielfältig. Am häufigsten ist die Übertragung von Mensch zu Mensch: durch Erzählungen,

Reiseberichte und Fotoalben. Das Lesen von Reiseliteratur in Buchform (gedruckt oder elektronisch) oder als Reisezeitschrift konnte ebenfalls als Übertragungsweg nachgewiesen werden. In jüngster Zeit haben allerdings auch andere Kommunikationswege wie Fernsehen und Internet eine zunehmende Bedeutung bekommen.

Wenn Sie sich vor einer Infektion schützen wollen, entfernen Sie zu Ihrer eigenen Sicherheit alle Reisezeitschriften und Reisekataloge aus Ihrem Umfeld. Schalten Sie den Fernseher, Ihren Computer (Internet) und das Smartphone aus. Sollten trotz aller Vorsichtsmaßnahmen Symptome auftreten, fragen Sie Ihr Reisebüro, Ihren Bankberater oder Ihren Wohnmobilhändler.

Wie wurden wir zu Womosapiens?

Seit unserer ersten Fernreise und Dschungelexpedition 1979 nach Mexiko sind wir vom Reisefieber befallen. Während unserer beruflichen Tätigkeit in den letzten 30 Jahren hatten wir das Glück, oft längere Urlaube am Stück zu bekommen, und haben dies für Fernreisen genutzt. Immer wieder zog es uns in exotische und zumeist tropische Welten. Auf individuelle Weise haben wir einen Großteil Mittel- und Südamerikas, aber noch intensiver den südostasiatischen Raum kennengelernt. Mehrere Dschungelexpeditionen haben uns an die Grenzen unserer Leistungsfähigkeit als unsportliche „Stubenhocker" geführt.

Die Begegnung und der enge Kontakt zu Naturvölkern haben uns ein anderes Verständnis von „wichtig" vermittelt. Wir haben gelernt, dass alles, was über die Befriedigung der Grundbedürfnisse – Gesundheit, Essen und Trinken sowie ein Dach über dem Kopf – hinausgeht, Luxus bedeutet. Trotzdem haben wir uns über die Jahre auch Luxus gegönnt, ohne allerdings das Prinzip der drei Grundbedürfnisse zu vergessen.

Gerade das Thema Gesundheit und die Menschen in unserer privaten und beruflichen Umgebung, die in jungen Jahren erkrankten oder gar starben, haben in uns zunehmend den Wunsch geweckt, frühzeitig aus dem Berufsleben auszusteigen. Wer wünscht sich nicht, ein Leben ohne Stress zu führen, ohne einen Boss, der ständig Druck macht und nörgelt?

Wie heißt es so schön: Man soll Träume verwirklichen, bevor es zu spät ist. Also fingen wir an zu rechnen, zu grübeln und zu träumen: Wie viele Jahre sind es noch? Wie sollen wir das aushalten? Wie wäre das Leben mit einer kleinen Pension auf dem Hügel über der Bucht von Bequi in der Karibik oder in einer einsamen Lagune auf Grenada? Die vielen Beispiele von Aussteigern auf ihren Segeljachten oder Kneipenbesitzern am Strand zerrten an den Nerven; die Fantasie quoll über. In stundenlangen Gesprächen diskutierten wir Alternativen durch.

Eines Tages war es dann soweit – wir legten ein Datum fest: Mein 50. Geburtstag sollte es sein. Alle Zahlen sprachen dafür: Das Haus war bezahlt und bis zur Rente würde das Geld bei einigen Einschränkungen allemal reichen.

Aber wo sollten wir hin? Seit unserer ersten Reise nach Neuseeland sind wir in das Kiwi-Land verliebt. Angenehmes Klima, nette Menschen, herrliche Landschaft und vor allem gibt es kein Malariarisiko. Eine zweite Reise nach Neuseeland bestätigte unseren Plan zunächst. Als der Tag des Ausstiegs allerdings näherrückte, kamen uns langsam Zweifel, ob das Auswandern nach Neuseeland zu diesem Zeitpunkt wirklich der richtige Schritt sein würde. Konnten wir unsere alternden Mütter hier zurücklassen und den Schwestern die Arbeit der eventuellen Pflege aufbürden? Andererseits der Gedanke: Es ist aber unser Leben. Schließlich hatten wir viele Jahre dafür gekämpft, gespart und hart gearbeitet. Aber sollten wir vielleicht trotzdem lieber in Europa bleiben, näher an Deutschland und der Verwandtschaft? Daher schauten wir uns ein wenig an der spanischen Küste um. Schöne Häuser gibt es dort. Als vorübergehenden Kompromiss konnten wir uns ein Leben in Spanien vorstellen. Oder doch nicht? Waren dort nicht zu viele Deutsche? War nicht alles zu reglementiert und zivilisiert?

Dann die zündende Idee: Warum sollen wir uns denn heute schon auf Neuseeland oder Spanien festlegen? Lass uns zunächst eine Weltreise unternehmen, bevor wir uns niederlassen. Wir wären dann flexibel und könnten jederzeit zurückkommen, wenn es nötig wäre.

Inzwischen wurde das Burn-out-Syndrom immer schlimmer. Durchhalten war jetzt die Parole. Immerhin, schon nach zwölf Jahren war das Haus bezahlt. Uns konnte nichts mehr erschüttern. Ein Gefühl von Freiheit kam auf.

Inspiriert von einem Artikel über ein Weltreisemobil wurden wir von der Idee gefangen, die Erde nicht mit öffentlichen Verkehrsmitteln, sondern mit *einem* Fahrzeug zu umrunden. Natürlich würde das viel länger dauern, hätte aber den großen Vorteil, nicht ständig auf sein Gepäck aufpassen und täglich eine Unterkunft suchen zu müssen. Jeden Tag einchecken und auschecken ist auch kein Vergnügen. Ganz abgesehen von den begrenzten Möglichkeiten, die ein Rucksack oder eine Reisetasche bieten. Schnell machten wir uns schlau und schon waren wir auf der ersten Caravan-Messe auf der Suche nach einem geeigneten fahrbaren Untersatz. Hier gab es leider kein Weltreisemobil zu sehen, das für uns in Frage gekommen wäre. Aber warum nicht aus der Not eine Tugend machen? Da wir sowieso zunächst Europa, hier speziell die neuen EU-Länder, bereisen wollten, entschieden wir uns dafür, erst einmal ein „normales" Wohnmobil anzuschaffen und dieses, wenn notwendig, später gegen ein Allradfahrzeug zu tauschen.

Langsam wurde es aufregend. Der Tag der Entscheidung rückte immer näher. An einem Sonntag im Februar 2003, meinem 50. Geburtstag, war es so weit. Nach mehr als 20 Jahren erfolgreicher Firmenzugehörigkeit würde ich Abschied nehmen. Für viele Kollegen ein Schock, war ich doch sozusagen mit dem Unternehmen verheiratet. Per E-Mail schickte ich die Kündigung um 14:30 Uhr am Sonntag an die Vorgesetzten und den Personalchef. Anschließend lud ich schnell noch die Beteiligten über den elektronischen Organizer zu einem Meeting am Montagmorgen ein. Schließlich musste über eine Auflösungsvereinbarung verhandelt werden, denn ich beabsichtigte nicht, die Kündigungsfrist von neun Monaten (!) zum Quartalsende „auszusitzen".

Es war vollbracht. Sollte ich jetzt stolz auf mich sein oder war ich ein Idiot, der einen lukrativen Job aufgab? Und das in einer Zeit mit hoher Arbeitslosigkeit, in der jeder Angst um seinen Arbeitsplatz hatte …

Uschi hat kurz darauf ebenfalls ihre Arbeit aufgegeben und wir konnten uns voll und ganz darauf konzentrieren, unseren Traum umzusetzen. Wenn es auch länger dauerte als erwartet, waren schließlich unser Haus und alle Möbel verkauft und die wichtigsten persönlichen Dinge eingelagert.

Von April 2005 bis Oktober 2010 waren wir fast ausschließlich auf Reisen. Während der Reise durch Europa war unser „Hoppel" (📷 S. 2-3) unser

Zuhause. (Den Namen bekam es, weil unser erstes Maskottchen ein kleiner Hoppelhase aus Stoff war.) Hoppel ist ein 6,60 m langes, vollintegriertes Mobil mit umfangreicher Sonderausstattung. Dabei achteten wir in Bezug auf die Größe des Fahrzeugs auf einen Kompromiss zwischen Wohn- und Fahrkomfort. Denn ist das Fahrzeug groß und über 3,5 t schwer, hat man zwar im Innenraum viel Platz, dafür sind aber viele Straßen nicht mehr zugänglich, Geschwindigkeitsbeschränkungen für Lkw zu beachten und Mautgebühren wesentlich höher. Ist es kleiner, kommt man zwar überallhin, tritt sich aber im Innenraum auf die Füße. Unser Hoppel ist groß genug, um darin leben zu können, und klein genug, um (fast) überallhin zu gelangen.

Je nach Betrachter haben wir auf unserer Reise die unterschiedlichsten Kommentare gehört: von „Ach, ist Ihr Womo aber niedlich." bis hin zu „Mann, das ist ja ein riesiges Geschoss."

Auf unseren Reisen durch Australien, Neuseeland, Namibia, Argentinien, Chile, Kanada und Alaska nutzten wir jeweils gemietete Wohnmobile, wobei wir in Australien, Afrika, Süd- und Nordamerika auf Geländegängigkeit achteten und dementsprechend allradgetriebene Pick-up-Camper

„Bushi 1"

Wie wurden wir zu Womosapiens?

„Bushi 2" in Namibia

„Bushi 3" in Südamerika

„Rocky" in Kanada

auswählten, da wir mit dem Befahren von vielen Schotterstraßen und unebenem Gelände rechnen mussten. Diese Vorsichtsmaßnahme hat sich, wie sich später herausstellte, bewährt, auch wenn diese Fahrzeuge nicht denselben Komfort boten wie unser „Hoppel".

Obwohl die durchschnittlichen Tagesmietpreise fast ähnlich waren, waren Qualität und Komfort der Fahrzeuge extrem unterschiedlich. Waren unsere „Bushi 1 & 2" im australischen Outback und in Namibia noch extrem spartanisch (keine Toilette, kein richtiger Tisch und kein fließendes Wasser), bot unser „Bushi 3" in Südamerika zumindest eine kleine transportable Chemietoilette. Überragt wurde alles von unserem „Rocky" in Kanada und Alaska. Dieser hatte nicht nur eine bequeme Nasszelle zu bieten, sondern auch ein extrem breites Bett und dank eines ausfahrbaren Erkers auch genügend Platz in Küche und Wohnraum. Am meisten lernten wir die gute Gasheizung zu schätzen, die wir aufgrund der schlechten Wetterverhältnisse in den Rocky Mountains und in Alaska häufiger in Anspruch nahmen.

Alles, was wir noch besaßen, befand sich auf der Bank, im Hoppel oder war in Kartons eingelagert. Eine Postanschrift bei lieben Freunden, die sich auch um unsere Post kümmerten, und die Möglichkeit, Bankgeschäfte und Post auch per Internet erledigen zu können, gaben uns die nötige Freiheit.

Leben mit und im Wohnmobil

„Wie schafft ihr das nur, all die Zeit auf so engem Raum zu verbringen, ohne euch auf die Nerven zu gehen?" oder: „Wie habt ihr die Einschränkung von vorher 200 m² mit Haus und Garten auf nun ca. 10 m² verkraftet?"

Dies waren die häufigsten Fragen, die uns während und nach der Reise immer wieder gestellt wurden.

Nun, in erster Linie ist es Einstellungssache. Am wichtigsten dabei ist die Tatsache, dass wir beide es gleichermaßen so wollten und unsere Interessen in der Regel nicht weit auseinander liegen. Gegenseitiger Respekt, Toleranz und Rücksichtnahme sind außerdem ebenso wichtig wie die Bereitschaft, Kompromisse einzugehen. Im Bedarfsfall ist die Welt unser

Vorgarten, in den sich jeder zurückziehen kann. Ansonsten spielt die offene Kommunikation, der Austausch von Gedanken und Wünschen, eine große Rolle. Es bedurfte natürlich einiger Wochen, bis sich die Bewegungen innerhalb des Womos eingespielt hatten – ein Zeitraum, in dem bei anderen „Urlaubern" bereits alles wieder vorüber ist. Es ist deshalb ein Unterschied, ob ich nur die schönsten Wochen im Jahr in einem Wohnmobil verbringe oder ob ich dauerhaft darin lebe. Nach einiger Zeit hat alles seinen Platz und man findet die Dinge blind. Jeder weiß, wann er einen Schritt nach links oder rechts setzen oder einfach einmal zwei Minuten warten muss, bis der Partner das Angefangene erledigt hat. Wie sagt man so schön: Es schleift sich ein. Mit anderen Worten: Es wird zur Routine.

Routine spielt generell eine große Rolle im Wohnmobilleben, speziell wenn man, wie wir, fast täglich den Standort wechselt (mehr dazu im nächsten Kapitel: ☞ Alltag eines Womosapiens).

Hilfreich für das Zusammenleben im Womo ist es außerdem, wenn jeder der beiden Partner einen klar umrissenen Aufgabenbereich hat, je nach Vorlieben und Eignung. Auch das ist wieder ein Fall für klare Absprachen.

Wir haben jedenfalls in zweieinhalb Jahren nie einen Womo-Koller bekommen. Sicher hat das auch mit dem Wetter zu tun. Ohne es statistisch ausgewertet zu haben, schätze ich, dass wir 75 % der Zeit gutes Wetter hatten. Da es für uns auch schon in unserem vorherigen Leben nur zwei Jahreszeiten gab, nämlich „Drinnen" und „Draußen", hat uns gutes Wetter das Leben im Womo sehr erleichtert. Denn die meiste Zeit spielte sich unser Leben dann außerhalb des Fahrzeugs ab und jeder hatte genug Platz für sich.

Das Schlafen auf engem Raum ist Gewohnheitssache. Obwohl wir mit einem Festbett und einem Hubbett die Möglichkeit des getrennten Schlafens mit mehr Platz gehabt hätten, haben wir dies nicht genutzt, sieht man von einer „Probenacht" einmal ab. Bewusst haben wir ein Wohnmobil mit längsseitigem Festbett gewählt. Dadurch kann jeder jederzeit das Bett verlassen, ohne über den Partner klettern zu müssen.

Im Bereich der Sanitäranlage gab es bei uns ebenfalls nie Probleme. Sie müssen sich nur absprechen – und zur Not geht der Mann einmal in den Wald hinter den Baum.

Alltag eines Womosapiens
Stellplatzsuche, oder: Wer die Wahl hat, hat die Qual.

„Hier schau mal, das ist doch ein schöner Platz", sagt sie begeistert. Seine Antwort darauf: „Ja, von hier hat man eine schöne Aussicht, aber der Boden ist viel zu uneben und schräg, als dass man vernünftig gerade stehen könnte. Außerdem scheint die Sonne auf den Kühlschrank und der Wind bläst zur Haustüre herein."

„Wie wäre es denn dort drüben, da hätten wir Schatten und eben ist es auch", erwidert sie. „Ach nein", setzt sie fort, „das geht auch nicht, die Bäume sind nach Südost zu hoch und dadurch haben wir wahrscheinlich keinen Fernsehempfang."

„Sieh mal dort unten, das ist doch ein netter Platz. Schade, das geht auch nicht, bis dorthin reicht unser Stromkabel nicht", meint er resigniert.

„Dann vielleicht ganz dort hinten, bei dem Haus." „Der Platz wäre nicht schlecht, aber siehst du nicht, das Haus ist eine Disco. Wahrscheinlich spielen die wieder die ganze Nacht Techno-Musik und wir können vor lauter Bum-Bum nicht schlafen."

„Da hast du Recht, das habe ich nicht gesehen. Außerdem ist der Weg zu den Sanitäranlagen so weit. Und wenn man morgens über die Wiese läuft, holt man sich nur nasse Füße." Aber sie gibt nicht auf: „Lass uns doch erst noch einmal zu Fuß über das Gelände laufen, um einen geeigneten Platz zu finden."

Nach einer Runde über den Platz sagt er: „Gut, das hier könnte eine geeignete Stelle sein. Sie fällt zwar etwas nach vorne ab, aber wir können ja Unterlegkeile verwenden." „Wie?", fragt sie, „Nach vorne abfallend? Hinten ist es doch tiefer als vorn. Die Keile müssen unter die Hinterräder."

„Das sehe ich aber anders als du. Damit der Wind nicht zur Haustür reinfegt und die Sonne nicht auf den Kühlschrank scheint, muss das Auto mit der Front nach oben stehen."

„Ja, aber dann haben wir doch keinen schönen Blick auf den See und vor der Haustür ist diese matschige Pfütze."

„Na gut", sagt er, „dann stellen wir uns eben quer zum Hang und die Keile kommen unter die rechten Räder, dann haben wir einen schönen Blick aus dem Seitenfenster, und die Markise können wir auch besser ausfahren."

Ein schöner Stellplatz unter Palmen

So oder so ähnlich könnte die Konversation eines Paares mit Wohnmobil auf Standplatzsuche abgelaufen sein.

Als Wohnmobilist haben Sie es oft schwer, den richtigen Stellplatz zu finden. Zu viele Kriterien sind gleichzeitig zu beachten, wenn Sie es bequem und angenehm haben wollen. Auf unserer Reise durch Europa haben wir, meine Frau Uschi und ich, das ca. 500-mal durchlebt. Nicht immer liefen die Diskussionen um den richtigen Stellplatz aber so umfangreich ab wie oben beschrieben.

Am einfachsten war es noch auf parzellierten Campingplätzen. Diese bildeten auf unserer Reise allerdings eine Minderheit bei unseren Übernachtungsplätzen. Meistens suchten und fanden wir unsere Stellplätze in der freien Natur.

Die Stellplatzsuche ist natürlich auch abhängig von der jeweiligen Womosapiens-Spezies. Wie schon erwähnt bevorzugen die Tauben

Campingplätze und die Kraniche Stellplätze, Campingplätze oder freies Stehen, während die Paradiesvögel sich am liebsten irgendwo in der Natur verstecken.

Campingplätze

Über ganz Europa verteilt gibt es ein großes Angebot an Campingplätzen, über deren Standard und Ausstattung entsprechende Kataloge und Atlanten Auskunft geben. Auch elektronisch, für Satelliten-Navigationssysteme, sind diese Informationen inzwischen erhältlich. Wem das nicht genügt, der kann sich leicht über das Internet informieren. Leider können Sie sich nicht immer darauf verlassen, dass die Angaben darin dem neuesten Stand entsprechen. Gerade in Ost- und Südosteuropa existieren viele der angegebenen Plätze nicht mehr. Entweder sie waren nicht mehr rentabel zu betreiben oder sie mussten Hotelneubauten weichen.

Häufig haben die Sanitäranlagen der Plätze die vergebenen Sterne nicht verdient. Andere hingegen werden nur wegen fehlender Einzelwaschkabinen oder ähnlichem zurückgestuft. Das halte ich für Unsinn. Es sollte vielmehr darauf geachtet werden, dass man z. B. in den Duschen seine Kleidung spritzwassergeschützt aufhängen kann und eine Ablage für die Brille oder das Duschgel vorhanden ist. Manchmal wäre es auch hilfreich, schon vorher zu wissen, ob überhaupt ein Duschkopf vorhanden ist oder nur ein Rohr aus der Wand kommt.

Einer Regel können Sie aber fast immer folgen: Je teurer, umso sauberer ist der Platz – allerdings auch umso steriler. Unter steril verstehen wir meist parzellierte Campingplätze, auf denen alles streng reglementiert ist. Alle Fahrzeuge, Wohnwagen und Zelte stehen schön in Reih und Glied.

Wie zu erwarten war, lässt der Qualitätsstandard der Plätze in Rumänien und Bulgarien sowie im Baltikum noch viel Raum für Verbesserungen. Nicht nur, dass es hier in der Regel keine Duschen mit Türen gibt, auch die Toiletten (häufig nur Stehtoiletten) sind teilweise so verschmutzt, dass sie für einen Menschen mit einem Minimum an hygienischen Erwartungen nicht benutzbar sind. Aber auch in Italien und Spanien erlebten wir Sanitäranlagen unter Standard. An der Sauberkeit der Campingplätze im Busch Namibias kann sich hingegen so mancher europäische eine Scheibe abschneiden.

In Polen lasen wir einmal an einem halbfertigen Gebäude ein Schild mit der Aufschrift: „Hier entsteht für Sie ein neues Sanitärgebäude. Wenn Sie wollen, dass es schnell fertig wird, müssen Sie Ihre Geldsäcke an die Rezeption bringen."

Nicht immer sind aber die etwas anderen Hygienestandards in diesen Ländern oder irgendwelche Jugendliche an der Verschmutzung der Sanitärhäuser schuld. Wir haben auch Sanitäranlagen erlebt, die ausschließlich von erwachsenen, westeuropäischen Urlaubern benutzt wurden und trotzdem völlig verdreckt waren. Oft dachten wir uns: „Was sind das für Menschen, die eine Toilette so schmutzig hinterlassen? Wie sieht es denn bei denen zu Hause aus?"

Dagegen sind gestohlene Wasserhähne, Türgriffe oder Kleiderhaken in Osteuropa fast noch verständlich. Auch in Bezug auf die Wasserqualität müssen Sie in Osteuropa Abstriche machen. Nicht selten kommt das Wasser aus gebohrten Brunnen und ist schwefelhaltig. Entsprechend üble Gerüche müssen Sie beim Duschen aushalten. Versuchen Sie den Gedanken an Abwasser zu verdrängen und stattdessen über gesunde Heilbäder nachzudenken.

Interessanterweise sind in den ehemaligen Ostblockstaaten die Campingplätze teilweise mit kleinen Spitzhütten oder Bungalows ausgestattet. Manchmal dienten diese uns als Sanitärgebäude und wir hatten es nicht so weit zur Dusche – falls es eine gab.

Bei der Stellplatzsuche auf dem Campingplatz selbst gibt es auch noch einiges zu beachten. Nicht selten befindet sich auf dem Gelände eine Diskothek mit entsprechend lauter Musik bis spät in die Nacht. Dies haben wir häufig an Stränden oder Seen erlebt. Zur Hochsaison sollten Sie solche Plätze von vornherein meiden und sich lieber ins Hinterland zurückziehen.

Nicht immer ist außerdem die Nähe zu den Sanitäranlagen oder der Fernsehempfang das wichtigste Kriterium: Bei unparzellierten Plätzen sollten Sie darüber hinaus darauf achten, dass es auch einmal regnen und sich das Wasser in Kuhlen sammeln kann. Mehr als einmal haben wir frontgetriebene Womos gesehen, die ihren Stellplatz gar nicht, mit viel Mühe oder nur mit externer Hilfe verlassen konnten.

Auf unserer Reise durch ganz Europa haben wir die Campingplätze in Skandinavien, Ost- und Südosteuropa lieben gelernt, trotz der Abstriche, die wir häufig bei den Sanitäranlagen machen mussten. Ebenso begeisterten uns die Plätze in Namibia, Südameriks und Kanada/Alaska. Der Hauptgrund dafür war die Möglichkeit, Lagerfeuer entfachen zu können. Es gibt für uns nichts Schöneres, als abends am Lagerfeuer zu sitzen und zu „kokeln". In Schweden lernten wir dafür den Begriff „Schwedisches Fernsehen" kennen.

Aufgrund der Gesetzeslage und wegen der Gefahr von Waldbränden ist das Feuermachen in Italien, Frankreich, Spanien und Portugal nicht möglich. Leider ist dort sogar das Grillen mit einem Holzkohlengrill untersagt.

Noch ein Hinweis zu den osteuropäischen Campingplätzen: Außerhalb der Hauptsaison müssen Sie dort immer mit Schulklassen und Gruppen mit behinderten Menschen rechnen. In diesem Zusammenhang möchte ich alle Plätze in Skandinavien und in Osteuropa loben, denn nirgendwo sonst waren die Anlagen so behindertengerecht ausgebaut wie dort – schon gar nicht in Deutschland. Schulklassen stellen auch nur dann ein Problem dar, wenn sie lautstark die Mittagsruhe stören oder ihre Bälle ans Womo werfen.

Preislich haben wir, verteilt über Europa, Plätze von € 4 bis € 30 pro Nacht erlebt.

Völlig anders stellte sich das Bild in Namibia, Südamerika und Nordamerika dar. Hier gibt es eine Vielzahl von „Campgrounds", die meist eine Mischung aus Campingplatz und Stellplatz sind und zusätzlich das Gefühl von freiem Stehen vermitteln. Natur pur! Aufgrund des viel größeren Platzangebotes liegen die einzelnen Stellplätze nicht so nah beieinander und man hat häufig das Gefühl, alleine zu sein. Gerade in Kanada und Alaska ist die größere Fläche der Stellplätze von Bedeutung, da viele Nordamerikaner mit überdimensionalen „RV's" (Recreation Vehicles) unterwegs sind – bis zu 18 m lange Wohnmobile mit Zugmaschine und Auflieger, ausgestattet mit ausfahrbaren Erkern auf jeder Seite. Nicht selten sind diese mit einem gefliesten Bad und einem offenen Kamin ausgestattet.

Bei mehreren Einladungen in solche Giganten staunten wir nicht schlecht über das Platzangebot im Inneren. Die reinsten Ballsäle im Vergleich zu unserem „Rocky"! Entsprechend viel Platz brauchen diese Fahrzeuge zum Rangieren.

Darüber hinaus ist fast jeder Stellplatz auf den Campgrounds mit einer Feuerstelle oder einem Grill ausgestattet und man kann die Abende am Lagerfeuer verbringen. (Wie sich herausstellte, ist die Ernährung mit gegrilltem Fleisch oder Fisch übrigens auch für die „Gewichtsreduzierung" der Womosapiens dienlich.) Sehr häufig ist die Bereitstellung von Feuerholz in der Gebühr für den Stellplatz enthalten oder sogar kostenlos. Nicht immer ist das Holz dabei aber klein genug gehackt, daher ist es ratsam, immer eine gute Axt dabeizuhaben. In Südamerika und Kanada gehörte diese zur Standardausrüstung des Fahrzeugs. Trotzdem konnten wir mehrmals unseren Nachbarn mit unserer Axt als Leihgabe behilflich sein.

Schweißtreibende Beschäftigung

Außer mit einer Feuerstelle sind die einzelnen Stellplätze gerade in Nordamerika meist mit Strom, Frischwasser- und Abwasseranschluss sowie Sitzgelegenheiten ausgestattet. Bei entsprechender Bezahlung kann man dann einen sogenannten „Full Hook"-Anschluss buchen. Wenn man dies nicht möchte, ist es auch kein Problem, denn die Möglichkeit zur Ver- und Entsorgung ist auch an vielen Tankstellen oder speziellen Entsorgungsstationen gegeben.

Während die Preise für Campgrounds in Namibia und Südamerika sehr niedrig waren, empfanden wir diese in Kanada und Alaska als sehr hoch. Selbst die einfacheren „Self-Registration"-Campgrounds in den Nationalparks kosteten $ 15 und mehr. Einmal mussten wir für einen Platz direkt am See sogar $ 50 zahlen.

Ein Womo-Stellplatz in Portugal

Wohnmobil-Stellplätze

Das Angebot an offiziellen Stellplätzen ist über Europa verteilt sehr unterschiedlich. Während in Deutschland, Frankreich und insbesondere Italien ein flächendeckendes Angebot vorhanden ist, gibt es in Osteuropa und auf dem Balkan praktisch keine und Sie sind auf Campingplätze oder wildes Campen angewiesen. In Spanien entwickelt sich die Zahl der Stellplätze nur sehr langsam. Stellplätze zu finden ist mithilfe von Stellplatz-Apps und der umfangreichen Kataloge, die es im Buchhandel, bei Campingausrüstern oder Wohnmobilhändlern gibt, relativ einfach.

Stellplätze bilden eine Art Mischung zwischen Campingplatz und freiem Stehen und sind gut auf die Bedürfnisse des Womosapiens abgestimmt, der häufig das Angebot der Campingplätze gar nicht nutzen kann oder will. Schließlich hat er alles an Bord, was notwendig ist: von der Küche bis zur Sanitäranlage. Nur die Möglichkeit der Ver- und Entsorgung muss von Zeit zu Zeit gegeben sein.

Preise und Ausstattung der Plätze können sehr unterschiedlich sein. Wir haben alles erlebt, von kostenlos, inklusive Strom und Wasser (Norditalien), bis hin zu € 20 nur für das pure Stehen ohne Infrastruktur an schöner Stelle in Sizilien.

Mitteleuropäische Stellplätze sind in der Regel mit kostenpflichtigen Ver- und Entsorgungsstationen ausgestattet. Das Vorhandensein von Duschen und Toiletten ist allerdings noch eher die Ausnahme. Dafür konnten wir häufig einen fahrbaren Brötchenservice am Morgen genießen, sodass wir nicht zum nächstgelegenen Bäcker fahren mussten. Einmal, in Norddeutschland, fanden wir morgens sogar kostenlose Brötchen an der Windschutzscheibe – ein Service des örtlichen Bäckers. Klasse!

Je nach Jahreszeit und Ort ist das Platzangebot auf Stellplätzen sehr unterschiedlich, aber in jedem Fall geringer als auf Campingplätzen. Meist stehen die Womos schön aufgereiht nebeneinander. Hierbei wird, außer in Italien, eigentlich immer auf die Einhaltung von Mindestabständen und die Wahrung der Intimsphäre geachtet. Italiener dagegen sind es gewöhnt, sehr eng nebeneinander zu stehen – manchmal so nah, dass man gerade noch die Tür öffnen kann. Seltsamerweise legen sie dieses Verhalten selbst dann an den Tag, wenn das Platzangebot großzügig bemessen ist. Wir nennen diese Art des Stehens deshalb inzwischen „Italienisches Stehen".

Gerade im Frühjahr und im Herbst ist das Bedürfnis der Womosapiens, ein paar Sonnenstrahlen zu erhaschen, sehr groß. Ein entsprechend typisches Bild bietet sich dem Betrachter auf den Stellplätzen: Vor jedem Womo stehen Campingstühle mit sonnenhungrigen Womosapiens darin, meist lesend mit einem Buch in der Hand oder sich mit dem Nachbarn unterhaltend.

Gesprächsthemen sind schnell gefunden. Beim Anblick unseres Kfz-Kennzeichens war z. B. ein Thema schon vorprogrammiert: „RÜD" erkannten viele als Rüdesheim am Rhein und die Frage „Na, habt ihr auch genügend Wein mitgebracht?" kam zwangsläufig. Bücher konnten auch ein Thema sein. Speziell Kraniche, die länger unterwegs sind, tauschen gerne einmal ein paar Bücher, um neuen Lesestoff zu bekommen.

Immer ein Thema sind außerdem natürlich die Fahrzeuge selbst. Vor- und Nachteile werden ebenso diskutiert wie Sondereinbauten, die das Leben erleichtern. Nicht selten ist gerade ein Kollege am Reparieren und die anderen stehen lästernd mit Rat und Tat zur Seite. Am häufigsten war das nach Regen der Fall, wenn besonders die älteren Womos undicht geworden waren und die Silikonspritze zum Einsatz kam. Einmal sahen wir einen Womosapiens, der seine undichten, defekten Fenster komplett aus- und einbaute.

So schön kann ein Stellplatz sein / Torre del Paine in Chile

Freies Stehen

Das freie Stehen oder Campen ist eine Vorliebe der Paradiesvögel, aber auch zahlreicher Kraniche. Viele andere Kraniche und besonders die Tauben verzichten dagegen auf das wilde Campen, weil sie sich um ihre Sicherheit sorgen. Das ist verständlich, denn ein geringes Risiko ist unumstritten vorhanden. Wie groß das Risiko ist, hängt meiner Ansicht nach im Gegensatz zur weitverbreiteten Meinung aber nicht mit dem bereisten Land zusammen. In Polen, Rumänien oder im Baltikum ist es nicht gefährlicher als in Italien, Spanien oder Südfrankreich. Vielmehr hängt die Sicherheit mit dem eigenen Verhalten zusammen.

Wir haben auf unserer langen Reise mehr als die Hälfte aller Nächte frei in der Natur gestanden und keinerlei negative Erfahrungen gemacht. (Natürlich nur in den Ländern, wo das wilde Campen gesetzlich erlaubt ist!) Dabei haben wir einige Sicherheitskriterien beachtet, so zum Beispiel den altbekannten Spruch „Gelegenheit macht Diebe" beherzigt. Nie irgendwelche Wertsachen sichtbar im Auto gelassen. Immer alle vorhandenen Schlösser abgeschlossen. Keine Gegenstände wie Campingmöbel über Nacht außerhalb des Fahrzeugs gelassen. Sichtbar eine Lenkradkralle angebracht. Und möglichst abseits der Haupttouristenrouten übernachtet. Die Wahrscheinlichkeit, weit abseits der touristischen Höhepunkte im Womo überfallen oder bestohlen zu werden, ist sehr gering. Diebe gehen lieber dorthin, wo ihre „Chancen" größer sind. Mussten wir doch einmal an solchen Orten übernachten, haben wir uns entweder uneinsehbar versteckt oder, wenn der Platz einsehbar war, möglichst zu anderen Wohnmobilen gesellt.

Auch wenn es viele Warnungen und Horrorgeschichten anderer Womosapiens gab, hat uns bisher niemand überfallen, bestohlen oder mit Betäubungsgas schlafen gelegt, wie es in Südfrankreich häufiger vorkommen soll. Wahrscheinlich hatten wir Glück und alle kriminellen Rumänen, Polen, Franzosen oder italienischen Mafiosi waren zu dieser Zeit in Deutschland.

Leider ist die Einstellung der Behörden zum freien Campen in den einzelnen Ländern in Europa sehr unterschiedlich. Während in Italien praktisch überall übernachtet werden kann, ist dies in Frankreich nur sehr eingeschränkt möglich. Speziell am Mittelmeer werden dem Freiheitsdrang der Womosapiens durch 1,90 m hohe Barrieren Grenzen gesetzt. In Spanien können Sie überall stehen, wo es nicht durch Schilder verboten ist. Wir haben uns mehrfach darüber hinweggesetzt und sind prompt zweimal von der Polizei verjagt worden, einmal sogar abends um 22:00. Ein anderes Mal übernachteten wir unbeabsichtigt in einem Naturschutzgebiet und

Hoppel am Strand in Calabrien

wurden direkt angezeigt (€ 60,10 Strafe). Auch in Deutschland sind wir einmal – aus unserer Sicht unberechtigterweise – von der Polizei von einem schönen Plätzchen am Fluss Regen verjagt worden.

Am besten hat uns das freie Stehen in Skandinavien (speziell in Schweden) gefallen. Dort gibt es viele Grillplätze (*Friluftumräden*), Badeplätze (*Baadsplas*) oder Gästehäfen für Boote (*Gästhamn*) an den Seen, wo Sie unbehelligt und kostenfrei stehen können. Häufig dürfen Sie die Infrastruktur, z. B. gemauerte Grills mit bereits gehacktem Holz und Schutzhütten, nutzen. Sollte das Holz noch nicht gehackt sein, befindet sich zumindest eine Axt vor Ort. Niemand käme auf die Idee, diese zu stehlen.

Auch in Spanien entdeckten wir im Landesinneren viele schöne Grillplätze (*área recreación*) an Stauseen oder Flüssen. Diese waren am Wochenende immer gut von spanischen Familien frequentiert und wir hatten dort nette Begegnungen. So wurden wir einmal einen ganzen Nachmittag lang mit vielen Köstlichkeiten wie Shrimps, Hühnchenkeulen, selbst angebauten Oliven und Paella bewirtet, nur weil wir einer spanischen

Familie unseren Korkenzieher geliehen hatten. Sie hatten versucht, die Weinflasche zu öffnen, indem sie die Flasche mit dem Boden gegen einen Baum schlugen. Hoffentlich sind sie abends wieder gut nach Hause gekommen, denn immer wenn sie uns etwas zu essen brachten, habe ich mich mit einem Verdauungsschnaps bedankt. Sprachprobleme gab es dann keine mehr.

Wegen der Nähe zur Natur und der meist schönen Aussicht zogen wir die Übernachtung in der Wildnis, wenn möglich, dem Übernachten auf Camping- oder Stellplätzen immer vor. Sei es an Stränden, Flüssen oder Seen, oft fanden wir ein verschwiegenes, romantisches Plätzchen mit toller Aussicht. Eines der schönsten fanden wir in Calabrien in Italien: hoch auf einem Felsen, oberhalb des Strandes, eingerahmt von hohen Büschen und riesigen Agaven mit 5 m hohen Blütenständen, direkt neben einem Brunnen mit köstlichem Trinkwasser. Der reinste Logenplatz, vom Land kaum einsehbar und mit herrlichem Blick über Strand und Meer. Hier war es auch, wo wir einmal einen rot leuchtenden (!) Vollmond aus dem Meer aufsteigen sahen.

Für uns gibt es fast nichts Schöneres, als morgens mit einer Tasse Kaffee in der Hand vom Bett aus durch das Panoramafenster den Sonnenaufgang über dem Meer zu beobachten. Gleiches gilt natürlich auch für den Sonnenuntergang, den wir oft vor dem Womo sitzend an einem Gewässer erlebten und dabei den Geräuschen der Natur lauschten.

Allerdings mussten wir bei der Suche nach verschwiegenen Plätzen auch negative Erfahrungen machen. So sind wir einmal in Schweden einen schmalen, kurvenreichen Schotterweg in Richtung Küste gefahren, der nach mehreren Kilometern im Nichts vor Bäumen endete. Es gab weit und breit keine Wendemöglichkeit und so waren wir gezwungen, ca. 1 km rückwärts zu fahren, bis wir umdrehen konnten.

Das Aufsuchen ruhiger, verschwiegener Plätzchen hatte außerdem noch eine andere Tücke, denn leider waren dies meist auch beliebte Plätze von Liebespärchen. Vor allem in Spanien und Portugal kam uns an solchen Orten oft der Gedanke, dass wir uns in diesen Ländern wohl keine Sorgen wegen der Ausbreitung von AIDS machen müssen. Bei so vielen gebrauchten Kondomen, die wir in allen Farben überall herumliegen sahen, scheint die Aufklärungsrate über Safer Sex dort sehr hoch zu sein ...

Besonders störend war es, wenn die „Matadore" meinten, der Angebeteten spät am Abend ihre Fahrkünste mit durchdrehenden Reifen beweisen zu müssen. Wir erlebten aber auch, dass uns mitten in der Nacht ein Liebespärchen um Hilfe bat, da sie sich mit dem Auto zu weit auf den Strand getraut und sich eingegraben hatten. Den beiden war es sichtlich peinlich, denn sie waren sehr unterschiedlichen Alters und sahen nicht gerade verheiratet aus. Mithilfe unseres Klappspatens und einiger Bretter konnten wir sie aus der misslichen Lage befreien.

Neben dem wilden Campen gibt es noch die Möglichkeit, auf privatem Gelände, z. B. bei Bauern, zu übernachten. Das kann natürlich durch Sprachbarrieren erschwert werden. Deshalb ist es hilfreich, einen Zettel mit einem Text in Landessprache dabeizuhaben, den Sie im Bedarfsfall einem Grundstücksbesitzer einfach zeigen können. Sinngemäß sollte der Text darauf lauten: „Guten Tag, entschuldigen Sie, gibt es hier in der Nähe einen Campingplatz oder vielleicht die Möglichkeit, auf Ihrem Gelände über Nacht mit dem Wohnmobil zu stehen?"

Wir hatten je einen solchen Zettel in rumänischer und bulgarischer Sprache. Einmal hat ein netter ostdeutscher Professor mit rumänischen Sprachkenntnissen für uns übersetzt, ein anderes Mal war es ein bulgarischer Kellner, der mehrere Jahre in Deutschland gelebt hatte. Gerade in Bulgarien stellt die Verständigung wegen der kyrillischen Schrift nämlich ein besonderes Problem dar. Wir haben den Zettel dort zwar letztlich nicht gebraucht, da wir auch so immer ein nettes Plätzchen gefunden haben, aber in Rumänien war er mehrmals sehr hilfreich.

Oft übernachteten wir auch in oder in der Nähe von Dörfern und wurden dort meist freundlich aufgenommen. Das hat uns immer ein Gefühl der Sicherheit vermittelt. In manchen Dörfern fuhr die örtliche Polizei sogar häufiger Streife als sonst, um uns zu „beschützen".

Tipps für die Stellplatzsuche

Egal, ob Sie nun auf einem Campingplatz, einem Stellplatz oder in der Natur einen Übernachtungsplatz suchen, immer sind dabei bestimmte Kriterien zu beachten:

▷   Das Gelände sollte möglichst eben sein, um auf die Benutzung von Unterlegkeilen verzichten zu können. Das macht nämlich nur unnötige Arbeit und ist manchmal eine ziemlich schmutzige Angelegenheit. Aber mit dem Kopf nach unten zu schlafen ist auch nicht unbedingt jedermanns Sache. Und spätestens beim Kochen stört der unebene Untergrund garantiert, weil das Fett in der Pfanne auf eine Seite läuft.

▷ Ist genügend Platz, um die Markise ausfahren zu können?
▷ Aus welcher Richtung kommt der Wind? Sie wollen schließlich ungestört draußen sitzen und sich nicht die Sicht durch einen Windschutz nehmen.
▷ Ist der nächste Stromanschluss in Reichweite?
▷ Wird der Blick nach Süd-Südost nicht durch Berge oder Bäume behindert? Das könnte sonst Probleme beim Fernsehempfang geben.
▷ Wie ist der Untergrund? Hält er dem tonnenschweren Gewicht des Fahrzeugs stand oder könnte sich eventuell Wasser sammeln und der Boden aufweichen? Der Spaß hört auf, wenn rund um den Eingang des Mobils nur Matsch ist. Wir selbst haben dies einmal in Spanien nicht beachtet und mussten uns dann am Strand an der Costa de la Luz von einem Bagger aus dem Sand ziehen lassen.
▷ Befindet sich nicht gerade vor der Haustür eine Vertiefung, in der sich bei Regen eine Pfütze bilden kann?
▷ Wie weit ist es zu den Sanitäranlagen oder zur Ver- und Entsorgungsstation?
▷ Aus welcher Richtung scheint die Sonne? Will ich Schatten oder pralle Sonne vor dem Fahrzeug? Kann ich die Kühlschrankseite vor der Sonne schützen?
▷ Wie muss ich stehen, um eine schöne Aussicht zu haben?
▷ Behindere ich niemanden und respektiere ich die Intimsphäre der Nachbarn?
▷ Ist die nächste Diskothek außer Hörweite?
▷ Komme ich im Bedarfsfall schnell von der Stelle? Es könnte ja ein Feuer ausbrechen oder Sie werden von betrunkenen Randalierern belästigt. Beides haben wir zum Glück noch nicht erlebt.

Die Schwierigkeit bei der Stellplatzsuche ist, gleichzeitig all diese Kriterien zu beachten. Nicht selten hatten wir uns schon wunderbar eingerichtet und mussten dann von vorne beginnen, weil wir ein wichtiges Kriterium nicht beachtet hatten. In jedem Fall ist eine vorherige Begehung des angestrebten Platzes zu Fuß zu empfehlen. Auch das Abstimmen von Begriffen ist bei der Diskussion mit dem Partner sehr wichtig. Nicht immer ist vorn gleich vorn und oben gleich oben.

Was meint der Partner, wenn er sagt: „Sooo müssen wir stehen" und dabei mit den Händen herumfuchtelt?

In der Diskussion, ob ein Gelände abfallend oder ansteigend ist, sollte außerdem immer eine objektive Wasserwaage zur Hand sein. Die Fähigkeit, so etwas mit dem bloßen Auge zu erkennen, ist nicht jedem gleichermaßen gegeben.

Ankunft auf einem Stellplatz

Haben Sie erst einmal einen Platz gefunden, läuft schon die erste kleine **Routine** ab. Wichtig, um die Funktionalität des Kühlschranks zu gewährleisten, ist das Öffnen der Gasventile. Dann kommt als Nächstes eine Fußmatte vor die Tür. Schließlich wollen Sie nicht allzu häufig im Fahrzeug putzen. Klug ist es, vor dem Ausladen und Aufbauen der notwendigen Dinge schon einmal den Fernsehempfang zu testen. Nicht nur einmal hatten wir uns schon komplett eingerichtet, mussten dann aber wegen fehlenden Fernsehempfangs den Standort noch einmal wechseln. Praktisch für uns war es, dass wir eine digitale Satellitenschüssel mit Drehmotor hatten, die den Satelliten automatisch suchte. Sollte einmal, was manchmal vorkam, der Empfang von Astra1 durch ein Hindernis gestört gewesen sein, konnten wir auf andere Satelliten, die weiter östlich oder westlich standen, umschalten.

Häufig bedauerte ich andere Womosapiens, die mit ihren Schüsseln und langen Kabeln über den Platz liefen und den Satelliten suchten. Es konnte Stunden dauern, bis alles ausgerichtet war und der Empfang zufrieden stellte. Uns war der Fernsehempfang vor allem wegen der Wettervorhersagen und Nachrichten immer wichtig.

Ist das erledigt, werden die hinteren Stützen ausgefahren. Hierbei hat es sich als nützlich erwiesen, die Kurbel anschließend vor den Fahrersitz unter die Pedale zu legen. So laufen Sie nicht Gefahr, mit ausgefahrenen Stützen loszufahren, was erhebliche Schäden verursachen könnte.

Falls ein Stromanschluss vorhanden ist, das Stromkabel anschließen und kurz checken, ob auch Strom fließt.

Die beiden Fahrerhaussitze nach hinten drehen und den runden Tisch nach innen verschieben und fixieren.

Während einer den Campingtisch und die Stühle aufbaut, bereitet der Partner schon einmal zwei Willkommensdrinks vor. Die Abdeckungen auf den Gläsern nicht vergessen, denn schnell sind sonst Fliegen darin.

Sollte die Sonne zu sehr scheinen, fährt man noch die Markise aus und sichert sie mit Gurten vor dem Wind.

Dann noch ein Tischtuch auf den Tisch und einen Blumenstrauß, perfekt ist die Gemütlichkeit. Ist einmal kein Naturblumenstrauß verfügbar, ist es gut, einen künstlichen Blumenstrauß oder ein Gesteck in der Hinterhand zu haben. Wir haben mit unserem künstlichen Strelitzien-Rosen-Efeu-Gesteck aus Seide häufig die Aufmerksamkeit und Bewunderung anderer Womosapiens auf uns gezogen.

Erfrischende Fußkühlung nach der Ankunft

Die Zeit in der Nachmittagssonne nutzten wir oft, um uns anhand von Karten, Stellplatzkatalogen oder Reiseführern über die weitere Reiseroute zu informieren. Sehr hilfreich waren dabei das Informationsmaterial und die Karten, die wir in den regionalen Touristen-Informationsbüros bekommen hatten. Gerade die Schweden sind in dieser Hinsicht vorbildlich. Nicht nur, dass wir sehr umfangreiches Material und regionale Karten bekamen, wir konnten darüber hinaus auch kostenlos das Internetterminal benutzen (☞ Ver- und Entsorgung: Internet). Außerdem gab es das Info-Material meist in deutscher Sprache. Das trifft übrigens auch auf die Unterlagen zu, die wir in Ungarn bekamen. Enttäuschend spärlich waren dagegen die Informationen in Italien, Spanien und Portugal. In Südosteuropa wiederum haben wir das nicht anders erwartet. Hier gibt es wirklich noch viel Aufbauarbeit für die touristische Infrastruktur zu leisten.

Neben der Planung der weiteren Reiseroute ist es sinnvoll, den vergangenen Tag Revue passieren zu lassen und Ortsnamen und Besonderheiten zu notieren. Seit 30 Jahren schreiben wir während unserer Reisen ein ausführliches Tagebuch. Dies ist schon deshalb wichtig, um sich beim späteren Betrachten der Reisefotos richtig an die vielen verschiedenen Orte auf einer solchen Reise erinnern zu können. Auch das Einzeichnen der Reiseroute in eine Karte ist hilfreich.

Kochen

Der Nachmittag neigt sich langsam dem Ende zu und es wird Zeit, über das Abendessen nachzudenken. Wie wird das Wetter werden? Wie die abendlichen Temperaturen? Wollen Sie drinnen auf dem Herd oder im Backofen kochen oder draußen grillen? Wenn Sie sich für das Grillen entscheiden, dann stellt sich die Frage: Gas- oder Holzkohlengrill oder gibt es optimalerweise sogar eine Feuerstelle mit Grillmöglichkeit? Letzteres war uns immer am liebsten. Wir konnten damit mehrere Fliegen mit einer Klappe schlagen: Wir konnten Gas oder Holzkohle sparen, schön warm am Feuer sitzen und unserer Vorliebe für das „Kokeln" frönen. Außerdem hatten wir eine gute Ausrede, um abends nicht mehr das Geschirr spülen zu müssen, denn wir wollten das Feuer ja nicht unbeaufsichtigt lassen und im Auto Licht und damit Strom sparen. (Am nächsten Morgen mussten wir dann natürlich doch noch spülen.)

Grillen mit verschieden großen Grillgittern

Zum Grillen und für ein dauerhaftes Feuer braucht man natürlich etwas dickeres Holz und so gehörte es meist zu meinen Aufgaben, Feuerholz in der Umgebung zu sammeln – sei es angelandetes Holz am Strand oder trockenes Holz aus dem Wald. In Skandinavien war das wegen des bereits vorhandenen Holzes oft nicht notwendig.

Während sich Uschi in der Regel um die Vorbereitung des Salates und der Zutaten kümmerte, war es dann noch meine Aufgabe, das Feuer zu entfachen. Zum Glück gibt es dafür inzwischen modernere Methoden als Feuerstein und trockenes Gras oder das Aneinanderreiben von Stöcken. Heute können Sie in fast jedem Supermarkt geniale Kohlenanzünder finden. Wir haben dabei aber immer darauf geachtet, möglichst nicht die weißen, übel stinkenden zu verwenden, sondern umweltfreundliche Anzünder zu kaufen. In Namibia haben wir sogar welche mit Anreibekopf, wie bei einem überdimensionalen Streichholz, bekommen.

Auf ein besonderes Zubehör möchte ich beim Feuermachen heute nicht mehr verzichten: einen kleinen, batteriebetriebenen Handventilator, der eigentlich dazu dient, bei großer Hitze Luft ins Gesicht zu blasen. Wir haben ihn „Trullermann" genannt, und mit seiner Hilfe noch jedes Feuer zum Brennen gebracht. Mit ihm konnte ich so manchem Womosapiens oder Zeltcamper beim Entfachen seines Feuers behilflich sein, gerade wenn das Holz nass oder zumindest feucht war.

Zum Grillen über offenem Feuer ist es ratsam, ein Sortiment verschiedener Grillgitter dabeizuhaben. Als besonders nützlich erwiesen sich dabei verschieden große Fischgitter. Diese können Sie nämlich auch zweckentfremden und statt mit Fisch mit Steaks, Würstchen oder auch Kartoffeln bestücken. Letzteres geht wunderbar, wenn Sie halbierte Kartoffeln zusammen mit Zwiebeln und Knoblauch sowie einigen Kräutern in eine geölte Aluminiumfolie einwickeln und mit dem Fischgitter schon frühzeitig ins Feuer hängen. Durch die Geschlossenheit der Alufolie kann der Ruß nicht an das Gargut gelangen und Sie haben Zeit gespart, denn zum Grillen des Fleisches muss das Feuer schon weitestgehend abgebrannt und genügend Glut vorhanden sein. Gleiches gilt für das Grillen auf dem Holzkohlengrill. Auch hier können Sie die Kartoffeln in Alufolie schon auflegen, während die Holzkohle noch durchglüht.

Gasgrill

Unser Holzkohlengrill hatte noch einen Zusatznutzen. Es war ein röhrenförmiger Edelstahlgrill mit Deckel, den wir auf den Lofoten in Norwegen gekauft hatten. Nach dem Grillen füllten wir ihn mit großen Steinen, schlossen den Deckel und stellten ihn anschließend unter den Campingtisch. Die Steine speicherten die Wärme und gaben sie nur langsam im Verlauf des Abends wieder ab. Dadurch war es uns möglich, die „Draußen"-Saison wesentlich zu verlängern, auch wenn wir kein Lagerfeuer hatten.

Da uns über der Holzkohle oder dem offenen Feuer gegrilltes Fleisch immer besser geschmeckt hat, war das Grillen mit dem Gasgrill nur eine Notlösung. Allerdings hatte unser Gasgrill einen entscheidenden Vorteil: Wir konnten damit grillen und gleichzeitig auf Kochfeldern Kartoffeln und Gemüse garen. Darüber hinaus lief der Grillprozess langsamer und schonender ab. Gerade zum Grillen von Fisch war der Gasgrill gut geeignet.

Hmmm, selbst gemachte Kartoffelklöße

Als Energiequelle nutzten wir anfangs blaue 3-kg-Campinggasflaschen. Leider war in Skandinavien ein Tauschen der leeren Flaschen gegen volle Gasflaschen nicht möglich. Um diesbezüglich mehr Unabhängigkeit zu erlangen, ließen wir schließlich einen externen Zugang zum Autogas legen. Auf das Thema Gasversorgung komme ich aber später noch einmal ausführlicher zurück (☞ Ver- und Entsorgung: Gas).

Ließ das Wetter es nicht zu, im Freien zu grillen, wurde halt im Womo gekocht. Ich muss vorausschicken, dass wir in den zweieinhalb Jahren unserer Europareise nur sehr selten in Restaurants gegessen haben. Wenn doch, dann ging es darum, einheimische Spezialitäten zu probieren.

Ansonsten kochten wir im Womo wie früher in unserer großen, bequemen Küche. Teilweise sehr umfangreich, mit Fleisch oder Fisch, Sättigungsbeilage und Salat oder Gemüse. Dabei achteten wir auf Abwechslungsreichtum und Ausgewogenheit. Wenn Sie sich erst einmal an die etwas beengten Verhältnisse im Womo gewöhnt haben und alles seinen praktischen Platz gefunden hat, geht es wunderbar.

Bei dieser Gelegenheit möchte ich ein Hoch auf den Schnellkochtopf zum Ausdruck bringen. Er spart Zeit und Gas.

Nie haben wir in der ganzen Zeit irgendwelche Fertig- oder Dosengerichte zu uns genommen. Meist scheuten wir beim Kochen keine Mühen und bereiteten sogar Spätzle oder Klöße selbst zu. Manchmal bekamen wir in den unterschiedlichen Ländern Rezepte von landestypischen Gerichten, die wir nachzukochen versuchten.

Brot backen

Wir behielten auch die Gewohnheit bei, immer schön dekorierte Teller anzurichten und keine Töpfe auf den Tisch zu stellen. Schließlich isst das Auge mit.

Zum Glück hatten wir auf der ganzen Reise immer die Möglichkeit, frische Waren einzukaufen (☞ Ver- und Entsorgung: Einkaufen). Im Bedarfsfall konnten wir auch frisches Gemüse etc. einfrieren.

Das Problem, dass wir in vielen Ländern nur labberiges Weißbrot bekommen konnten, haben wir ebenfalls lösen können. Dank moderner Backmischungen und einem Gasbackofen konnten wir regelmäßig leckeres Vollkorn- oder Kürbiskernbrot etc. backen. Es war himmlisch, wenn das Womo anschließend nach frischem Brot roch.

An dieser Stelle noch ein Lob auf Tupperware. Dank der sehr praktischen Gewürzstreuer und Aufbewahrungsgefäße hatten wir eine Vielzahl von internationalen Gewürzen dabei, die wir fleißig nutzten, um in der Küche zu experimentieren.

So manches Mal hätte ich mir dabei einen Vierplattenherd gewünscht. Leider musste ich mit den drei vorhandenen Platten des Gasherdes auskommen. Generell war für uns die Umstellung vom Elektro-Ceranfeld auf einen Gasherd gewöhnungsbedürftig. Alles geht viel schneller: Es wird schneller heiß, was bedeutet, dass das Essen schneller anbrennen kann, und nach dem Abschalten wird der Herd auch schneller kalt. Ein Ceranfeld lässt sich außerdem viel leichter reinigen.

Spülen und Putzen

Wenn ich etwas aus unserem früheren Leben vermisste, dann war es die Spülmaschine. Fast zweieinhalb Jahre lang mussten wir täglich ein- oder zweimal spülen. In dieser Hinsicht durften wir nicht nachlässig sein, denn wegen des fast täglichen Standortwechsels musste alles Geschirr immer rüttelfest in den Schränken verstaut werden. Wie fast alle im Womo zu erledigenden Arbeiten unterlag bei uns auch das Spülen des Geschirrs der Arbeitsteilung: Ich habe gespült und Uschi hat abgetrocknet.

Heißes Wasser haben wir auf unterschiedliche Weise gewonnen. Entweder hatten wir zur Winterzeit die Heizung an und warmes Wasser kam aus der Leitung, oder wir erhitzten es im Wasserkessel auf dem Gasherd. Am sparsamsten war es jedoch, das Wasser mithilfe eines zweiten Wasserkessels, der verrußen konnte, auf dem Grill oder dem Lagerfeuer zu erhitzen.

Im Gegensatz zu vielen anderen Womosapiens spülten wir auch auf Campingplätzen immer im Hoppel. Andere nutzten die Spülküche des Campingplatzes, mussten dafür aber alles schmutzige Geschirr dorthin schleppen.

Interessant fand ich dabei die Tatsache, dass mindestens 80 % der Spülenden Männer waren. Wahrscheinlich herrschte dort, wie bei uns früher, das Prinzip vor: Wer gekocht hat, braucht nicht aufzuräumen und zu spülen.

Auch beim Wegräumen des Geschirrs hatte sich schnell eine Arbeitsteilung eingespielt, sodass wir uns nicht gegenseitig im Weg standen oder auf die Füße traten. Zur Routine gehörte es noch, direkt nach dem abendlichen Spülen schon alles für den Kaffee am nächsten Morgen vorzubereiten.

Gegenüber dem Aufwand, den wir mit dem Putzen unseres Hauses mit über 200 m² Wohnfläche hatten, war das Reinigen des Womos ein „Vergnügen". Uschi war für Bad und Küche zuständig, während ich mich um das Bettenmachen, den Fußboden und den Staub kümmerte. Besonders nach Sandstürmen oder während der Pinienblüte habe ich dabei manchmal ganz schön geflucht. Die Reinigung des Fahrzeugs von außen, besonders die Entfernung der Fliegen auf der Fahrzeugfront, haben wir gemeinsam erledigt. Besonderes Augenmerk legten wir auf die Sauberkeit der Solarzelle auf dem Dach, damit sie nicht ihre Leistungskraft durch Schmutz verlor. Freundliche Womosapiens, aber auch Stellplatzbesitzer liehen uns im Bedarfsfall die notwendige Leiter dafür.

Gerade nach unserer Reise durch das Baltikum und Südosteuropa war der Aufwand, unser Dach zu reinigen, extrem groß. Die Luftverschmutzung war besonders in der Nähe der Großstädte sehr hoch und unser Dach mit einem schwarzen Rußfilm überzogen, der sich nur schwer entfernen ließ.

Abendgestaltung

Immer wenn es das Wetter zugelassen hat, verbrachten wir die Abende im Freien – schon wegen des Rauchens. Wir sind beide Raucher und haben uns vorgenommen, nie im Womo zu rauchen, selbst bei schlechtestem Wetter nicht. Dies führte häufig zu interessanten Begegnungen mit gleich gesinnten Womosapiens. Schnell kamen wir über das Thema „im Womo nicht rauchen" ins Gespräch. Früher oder später landeten wir aber immer beim Austausch von Erfahrungen und Tipps über Stellplätze oder günstige Einkaufsmöglichkeiten.

Nach dem Essen drehten wir auch gerne eine Runde über den Platz oder in der näheren Umgebung. Ein Strandspaziergang bei Sonnenuntergang konnte ebenfalls sehr erholsam und romantisch sein. Ansonsten saßen wir vor dem Womo, tranken ein Gläschen und ließen den Tag und das Erlebte im Zwiegespräch noch einmal Revue passieren. Oder wir lauschten einfach nur dem Zirpen der Grillen, den Amseln, die in der Dämmerung von hoher Warte sangen, der Nachtigall oder dem Quaken der Frösche vom nahe gelegenen Teich. In Portugal und in der Camargue haben wir im Frühjahr jeweils ein ohrenbetäubendes Froschkonzert gehört, das die ganze Nacht andauerte und uns nicht schlafen ließ.

Am schönsten fanden wir es allerdings, den Abend am Lagerfeuer zu verbringen. Ich habe beim Sammeln des Feuerholzes immer ein separates Häufchen dünnen Reisigs für Uschi vorbereitet, das sie im Verlaufe des Abends dann nach und nach ins Feuer werfen konnte. Die auflodernden Flammen erhellten das Umfeld und es machte Spaß, das Feuer zu beobachten. Meist stellte das Lagerfeuer auch eine Art Kommunikationszentrum dar. Entweder nutzten wir die Zeit am Feuer für intensive Gespräche zu zweit, zum Planen der Zukunft oder einfach nur zum Philosophieren. Manchmal gesellten sich gleich gesinnte „Nachbarn" dazu, die häufig aus den unterschiedlichsten Ländern kamen. Dabei waren Sprachbarrieren spätestens nach der zweiten Umrundung der Schnapsflasche überwunden.

Das Feuer schützte auch vor Gefahren durch die örtliche Fauna, z. B. vor Bären und Wölfen. Wir wissen zwar nicht, ob es wirklich an den Lagerfeuern lag oder ob es in Rumänien und Bulgarien einfach doch nicht so viele Bären gibt, wie behauptet wird, aber wir sind bis heute nicht von einem Bären oder Wolf behelligt worden. Und ein Vampir hat uns in Transsilvanien auch nicht gebissen.

Eines stimmt aber ganz sicher nicht: dass man am Feuer nicht von Stechmücken belästigt wird. In Schweden und im Baltikum wurden wir trotz Feuer in der Dämmerung ziemlich zerstochen. Die Mücken kommen auch dann, wenn Sie im Rauch sitzen, und das tun Sie ungewollt andauernd, denn der Rauch geht, warum auch immer, genau dahin, wo Sie gerade sitzen. In Neuseeland, wo wir zweimal mit dem Wohnmobil unterwegs waren, hatten wir sogar das Gefühl, dass die Sandfliegen vom Feuer noch angelockt wurden.

Obwohl wir, dank digitalem Satellitenempfang, zwischen mehreren Satelliten und vielen Hundert Fernsehprogrammen wählen konnten, schauten wir selten fern. Wenn, dann meist nur, um Wettervorhersagen und Nachrichten abzurufen. Eine Ausnahme bildete nur die Zeit der Fußball-WM 2006, in der wir in internationaler Gesellschaft gemeinsam Spiele anschauten. Als Deutschland gegen Italien verlor, bekamen wir zum Trost einen sehr leckeren Limettenschnaps von den italienischen Kollegen.

Wenn die Wetterkapriolen einen Aufenthalt am Lagerfeuer oder im Freien einmal nicht zuließen, vertrieben wir uns die Zeit mit Kartenspielen (Canasta) oder Würfeln (Kniffel).

Die Nacht

Schlafen im Womo war nie ein Problem, auch wenn wir uns auf nur 1,40 m Breite beschränken mussten. Wichtig war uns nur, dass das Bett längsseits montiert war und keiner über den anderen klettern musste, falls er nachts einmal zur Toilette musste. Dank einer guten Matratze und entsprechendem Lattenrost haben wir auch immer bequem gelegen.

Die Isolierung der Außenwände und des Panoramafensters an der Seite war so gut, dass wir selbst bei -6°C Außentemperatur nie gefroren haben. Allerdings ging das dann nicht mehr ohne Nutzung der Gasheizung, zumindest auf kleiner Stufe.

Der große Spiegel an der Kopfseite des Bettes hatte eigentlich nur einen Nutzen: Er diente als Thermometer. Während der Nacht konnten wir durch Befühlen des Spiegels die Außentemperatur ungefähr „messen".

Einmal ist uns zur Belustigung der Campingplatznachbarn das Bett zusammengekracht. Wahrscheinlich hatten sich durch die Vibration beim Befahren der vielen Schotterstraßen die Schrauben gelockert und im Laufe der Zeit herausgedreht. Die Fantasie der Nachbarn war jedenfalls angeregt, als ich eine Bohrmaschine auslieh, um das Bett zu reparieren.

Eine andere nette Szene ergab sich in Norwegen. Wir standen direkt am Ufer eines Fjords und vor uns stand ein ausgebauter VW-Bus mit einem Lehrerehepaar. Wir unterhielten uns beim Angeln angeregt und nett mit ihnen, bis der Wind so stark auffrischte, dass es ungemütlich wurde und wir uns in die Autos zurückzogen. Nach einiger Zeit konnten wir beobachten, wie der Bus vor uns anfing rhythmisch zu wackeln. Jeder Mensch ab dem Pubertätsalter konnte sich vorstellen, was innerhalb des Busses vor sich ging ... Das ist ja alles noch normal, lustig wurde es erst am nächsten Morgen. Wir trafen uns mit einer Tasse Kaffee wieder am Wasser mit den Lehrern. Daraufhin meinte sie, uns die Vorgänge folgendermaßen erklären zu müssen: „Gestern Abend blies der Wind so heftig, dass das ganze Auto gewackelt hat." Seitdem hat sich bei uns bei bestimmten Situationen ein geflügeltes Wort etabliert: „Na, hat wieder der Wind geweht?"

Besonders nachts gibt es trotz moderner Isolierung der Wohnmobil-Außenhaut Momente, in denen Sie sich auch innerhalb des Fahrzeugs direkt in der Natur wähnen, vor allem dann, wenn dicke Regentropfen oder Hagel auf das Dach prasseln. Des Öfteren wurden wir nachts davon geweckt.

Sonnenaufgang vom Bett aus

Der Morgen

Für mich war es die erholsamste Zeit des Tages, wenn Uschi sich einen Kaffee gekocht hatte, mit ihrer Tasse im Bett saß und Frühstücksfernsehen schaute oder im Videotext der verschiedenen Sender das Wetter abrief. In dieser Zeit schlief ich wie ein Murmeltier.

Uschi hat während unserer Reise bei schönem Wetter auch gerne mit einer Tasse Kaffee am Strand oder am Seeufer auf einem Felsen gesessen und den Sonnenaufgang beobachtet, während ich noch schlief. Die Stille und die Atmosphäre der frühen Stunde haben sie fasziniert.

Für den Kaffee im Bett haben sich zwei klappbare Halterungen für Tassen oder Gläser als praktisch erwiesen, die wir seitlich neben dem Bett an der Wand anbrachten. Auch selbst genähte Utensilientaschen aus Polsterstoff zur Unterbringung von Fernbedienung, Brille, Taschenlampe und ähnlichem direkt neben dem Bett waren hilfreich.

Wie beim Abendessen nutzten wir auch beim Frühstück jede Gelegenheit, uns im Freien aufzuhalten, dabei die ersten Sonnenstrahlen aufzusaugen und dem Gezwitscher der Vögel zu lauschen. Wegen der Gemütlichkeit durfte auch morgens der Blumenstrauß auf dem Tisch nicht fehlen – zumal er bei gutem Wetter Schatten für die Butter spenden musste.

Eine erwähnenswerte Erfahrung gibt es noch zum Thema Frühstücksei: Auch wenn viele es wissen, möchte ich darauf hinweisen, dass Wasser nur auf Meereshöhe bei 100°C kocht. Wenn Sie höher in die Berge kommen, siedet das Wasser schon bei niedrigeren Temperaturen. Dies gilt es zu beachten, wenn Sie gerne ein gekochtes Frühstücksei essen möchten. In den Bergen müssen Sie also entsprechend längere Kochzeiten einkalkulieren. Oder Sie essen stattdessen Ei im Glas, was allerdings nicht jedermanns Sache ist. Am einfachsten ist es fast, über dem neu entfachten Lagerfeuer oder Grill Spiegeleier zu brutzeln und dazu direkt Brötchen aufzubacken.

Nach dem Frühstück noch eine erste Zigarette genießen, dann geht die Morgenroutine los:

Nahrungsmittel wieder wegpacken und das Geschirr spülen, abtrocknen und stoßsicher verstauen. Die Küche noch einmal gründlich putzen und die Betten machen. Bei Bedarf den Spiegel hinter dem Bett mit Glasreiniger reinigen. Gebrauchte Kleidung ins Bad hängen oder wegräumen. Kilometerstand, Standort und etwas Einmaliges des Platzes notieren, um sich später besser daran erinnern zu können. Fernsehantenne einfahren, den Fernseher zurück in den Schrank schieben, sichern und kontrollieren, dass er ausgeschaltet ist. Tisch zur Seite fahren und fixieren und die beiden Fahrerhaussitze wieder nach vorne drehen.

Hintere Außenstützen einkurbeln. Falls genutzt, die Ausgleichskeile unter den Rädern hervorholen und verstauen. Stromkabel wieder aufrollen und verpacken. Toilettenkassette entsorgen, spülen und mit frischer Chemie bestücken. Abwassertank entleeren, Frischwassertank befüllen und, zu guter Letzt, die Gashähne wieder zudrehen.

Durch all diese Tätigkeiten wurde es fast immer 10:00 oder 11:00 Uhr vormittags, bis wir einen Platz verlassen konnten.

Ver- und Entsorgung

Dieses Thema muss ausführlich erörtert werden, da es im Leben eines Womosapiens eine sehr bedeutende Rolle spielt.

Toilette

Vorab muss ich zum Ausdruck bringen, dass es nichts Praktischeres gibt, als immer seine eigene Toilette dabeizuhaben. Im Bedarfsfall brauchen Sie unterwegs nur anzuhalten und können sie jederzeit nutzen. Sie müssen kein öffentliches WC oder ein Restaurant suchen. Zum Glück, denn wenn ich an die Preise öffentlicher Toiletten in so mancher Metropole denke, ärgere ich mich heute noch. In Budapest z. B. kostete der Gang zum Örtchen für Männlein und Weiblein je einen Euro!

Leider war die Kapazität unserer Toilettenkassette auf 17 Liter Inhalt begrenzt. Wir hatten auch keine Ersatzkassette dabei wie mancher Artgenosse. Uns sind Kollegen begegnet, die gar einen 150-Liter-Tank nutzen konnten. Diesen zu entsorgen ist natürlich seltener notwendig – allerdings auch seltener möglich. Da hatten wir es mit unserer kleinen Kassette relativ einfach. Wichtig war uns dabei immer der Umweltgedanke.

Auf Campingplätzen stellt die Entsorgung in der Regel kein Problem dar, da diese meist mit einer speziellen Entsorgungsstation für Chemietoiletten ausgestattet sind. Das Gleiche trifft auf die meisten offiziellen Womo-Stellplätze zu, auf denen die Entleerung der Kassette außerdem fast immer kostenfrei möglich ist. Nur zum Spülen muss oft ein Obolus entrichtet werden.

Kritisch wird es, wenn Sie häufig wild campen, wie es bei uns der Fall war. Entweder Sie nutzen dann die Stationen an Stell- oder Campingplätzen oder Sie suchen zwischendurch eine Entsorgungsstation auf, deren Standorte Sie entsprechenden Unterlagen des ADAC entnehmen können. Gerade in Skandinavien, Frankreich und Italien sind viele Tankstellen und Raststätten mit entsprechenden Stationen ausgestattet. In Ost- und Südosteuropa sind solche Entsorgungsstationen dagegen praktisch gar nicht vorhanden und Sie müssen sich mit normalen öffentlichen oder Campingplatztoiletten begnügen.

Sollten alle Stricke reißen, ist es gut, einen eisernen Haken dabeizuhaben, mit dessen Hilfe Sie Kanaldeckel anheben können, um die Toilette zu entsorgen. Die Entleerung der Kassette in die Natur soll und muss eine Ausnahme für den alleräußersten Notfall bleiben!

Abwasser

Für die Entsorgung des Abwassers gelten die gleichen Bedingungen wie für die Toilette, solange Chemie mit im Spiel ist. Wenn nicht, dann ist es auch zulässig, das Abwasser in einen Gulli zu entleeren. Das tropfenweise Ablassen des Wassers während der Fahrt oder gar auf die Wiese des jeweiligen Stellplatzes ist zum Glück unter Womosapiens verpönt.

Praktisch ist es, einen Verlängerungsschlauch dabeizuhaben, um das Wasser abfließen lassen zu können.

Müll

Es kann zum Womohimmel stinken, wenn Sie nicht täglich den Müll entsorgen. Auf unserer Reise war das Entsorgen des Mülls zum Glück (fast) nie ein Problem. In den meisten Ländern stehen regelmäßig große Container am Straßenrand, die, z. B. in Spanien, jede Nacht geleert werden.

Nur in der Nähe von Neapel haben einmal die Müllarbeiter gestreikt und alle Container quollen über. Der Müll stapelte sich am Straßenrand. Eine riesige Sauerei, da durch Hunde, Vögel und den Wind alles über die Straßen verteilt wurde.

Wenn einmal kein Container in der Nähe war, haben wir den Müll zumindest aus dem Innenraum des Womos entfernt. In Spanien machten wir allerdings einmal den Fehler, den Müll vor den Reifen auf die Erde zu stellen. Am nächsten Morgen weckte uns ein Bauer mit den Rufen „Problema, Problema", denn ein verwilderter Hund hatte unseren Müll während der Nacht im Umkreis von 50 m rund um den Hoppel verteilt. Die Konsequenz daraus ist: entweder den Müll direkt entsorgen oder, sollte dies nicht möglich sein, außen am Fahrzeug aufhängen.

Dies ist allerdings nur in Europa zu empfehlen. In Kanada und Alaska wäre das verhängnisvoll: Es würde die Bären und andere Raubtiere wie Marder anlocken. Besser ist es, den Müll dort direkt in den bärensicheren Müllcontainern aus Stahl unterzubringen. Wir hatten aufgrund des Schließmechanismus und des schweren Deckels so manches Mal ein Problem, diese zu öffnen. Für einen Bären ist es praktisch unmöglich.

Auf einem Campingplatz in Sizilien gab es gar keine Müllcontainer und wir waren gezwungen, den Müll etwa 500 m weit entfernt in einen öffentlichen Container zu werfen.

Bärensicherer Müllcontainer

Bei der Trennung des Mülls sind andere Länder in Europa bei Weitem nicht so konsequent wie Deutschland. Ausnahmen gab es nur bei Campingplätzen unter deutscher oder holländischer Leitung, wie es z. B. einmal in Ungarn der Fall war. Außerdem erlebten wir Mülltrennung einmal auf einem Campground in Namibia. Nur hat dies dort nichts genutzt, da die Paviane doch wieder alles durcheinandergebracht haben.

Frischwasser

Prinzipiell gilt auch hier, dass die Versorgung mit Frischwasser auf Camping- oder Stellplätzen kein Problem ist, vorausgesetzt, Sie haben einen langen Schlauch mit Schnellverschlüssen und verschiedenen Adaptern dabei oder geeignete Gefäße, wie z. B. eine saubere Gießkanne, zur Hand.

Bei häufigem wilden Campen müssen Sie auf Alternativen zurückgreifen. So war es in fast allen Ländern möglich, an Tankstellen Frischwasser zu bekommen. Besonders in Portugal und Italien nutzten wir außerdem häufig die Möglichkeit, an öffentlichen Brunnen Wasser zu tanken, das

Wasser bunkern am Brunnen

meist herrlich frisch und nicht nach Chlor schmeckte.

Egal, welche Frischwasserquelle genutzt wird, ist es aber immer ratsam, zunächst eine Probe davon in ein sauberes Glas zu geben und die Qualität zu prüfen. Mehrfach haben wir auch nur sehr schwefelhaltiges, stinkendes oder stark trübes, braunes Wasser gefunden, das sehr eisenhaltig war. Gerade letzteres verursacht schnell braune Ränder im Wassertank. Beim Betanken mit Brunnenwasser ist es deshalb gut, ein feines Sieb zwischenzuschalten, um gröbere Schwebstoffe zu entfernen, die die Wasserpumpe und die Ventile beschädigen könnten.

Strom

In den 30 von uns bereisten europäischen Ländern war die Stromversorgung auf Camping- und Stellplätzen nie ein Problem. Überall gibt es 220-Volt-Netze. Sinnvoll ist es aber, Steckeradapter von Schuko auf CEE-Anschluss und umgekehrt mitzunehmen. Es gibt zwar Plätze mit beiden Anschlussmöglichkeiten, diese sind aber eher eine Ausnahme. Meist wird nur das eine oder das andere System angeboten.

In Ungarn opferten wir einmal einen Schukostecker unseres Verlängerungskabels für einen Womo-Nachbarn, der sein Fahrzeug nur mit modernen CEE-Steckern ausgerüstet hatte.

In Ländern, die dem ehemaligen British Empire angehören, ist die Mitnahme eines zusätzlichen Adapters für das englische System notwendig.

Um beim Campen in der freien Natur die Versorgung mit elektrischer Energie zu gewährleisten, gibt es zwei Möglichkeiten: Solarzellen oder Stromgeneratoren. Solarzellen können Sie fest auf dem Dach montieren oder flexible Zellen nutzen, die Sie nach der Sonne ausrichten können.

Kraftstoffbetriebene Generatoren sind uns wegen der Geräuschkulisse verhasst, auch wenn sie unabhängig von der Sonneneinstrahlung machen. Aber wie kann man einen gemütlichen Nachmittag oder Abend verbringen, wenn in Hörweite ständig ein Generator knattert? Zwar sind moderne Generatoren wesentlich leiser als ältere Modelle, dennoch belästigen sie die Umwelt enorm. Wir haben Womosapiens erlebt, die nicht einmal so einsichtig waren, den Generator nachts abzuschalten.

Welche Leistung Solarzellen oder Generatoren haben müssen, hängt von den individuellen Gepflogenheiten und der Art und Menge der angeschlossenen Geräte ab.

Benzin

Während unserer Reise durch Europa stellte die Versorgung mit Benzin bzw. Diesel keinerlei Problem dar. In allen 30 Ländern war das Netz an Tankstellen dicht genug und wir sind niemals in einen Engpass geraten. Anders sieht es allerdings in Ländern aus, in denen es sehr große Strecken zu überwinden galt, wie z. B. in Namibia, Argentinien, Chile, Kanada und Alaska. Hier ist es ratsam, den Spritverbrauch und Tankinhalt seines Fahrzeugs gut zu kennen und einen genauen Plan des Tankstellennetzes zu organisieren. Meist sind Letztere im lokalen Kartenmaterial eingezeichnet oder über Touristenbüros zu bekommen.

In Kanada mussten wir einmal eine geplante Route ändern, da es auf einer Verbindungsroute nach Dawson City auf 1.000 km nur eine Tankstelle gab, die allerdings nicht immer Diesel anzubieten hatte. Bei dem Spritverbrauch unseres Pick-up-Campers von mehr als 22 Liter/100 km (5 Liter Hubraum, 8-Zylinder-Motor) war uns das Risiko zu groß, ohne Sprit liegen zu bleiben und bei den Bären übernachten zu müssen. Diesel ist in Kanada und Alaska wegen der tiefen Temperaturen im Winter wenig geeignet und wird daher selten genutzt.

Einen Service der kanadischen Tankstellen könnte man auch in Europa einführen: das Anbieten eines kostenlosen Kaffees, bei dessen Genuss man sich über die Straßenverhältnisse informieren oder einfach ein Schwätzchen über das Wetter halten kann.

Sollte man keine Informationen über die Verfügbarkeit von Tankstellen oder Sprit bekommen, hilft nur eines: bei jeder Gelegenheit, die sich bietet, den Tank zu füllen. Sicher ist sicher. Beinahe wäre unser Prinzip, bei jeder Gelegenheit zu tanken, trotzdem schiefgegangen. In Chile war leider die von uns angesteuerte Tankstelle – die einzige im Umkreis von 300 km – unter einer 50 cm dicken Staubschicht aus Vulkanasche begraben und wir schafften es gerade noch mit den letzten Tropfen bis zur argentinischen Grenze. Das war knapp. Hätten wir uns vorher informiert, hätte es uns sicher jemand sagen können.

Wasserabscheider an einer chilenischen Tankstelle

Auf eine Besonderheit speziell in Südamerika möchte ich noch hinweisen. Sehr häufig war dort der Diesel mit Wasser vermischt, was das Tanken oft zu einer Geduldsprobe machte, da der Diesel derart schäumte, dass das Ventil des Zapfhahnes ständig schloss. Wir brauchten manchmal bis zu einer halben Stunde, um unseren Tank zu füllen. Schaum ist in der Badewanne angenehm, im Tank aber unerwünscht. Zum Glück gab es aber auch Tankstellen, die einen vorgeschalteten Wasserabscheider besaßen.

Manchmal ist eine Tankstelle auch nicht sofort als solche zu erkennen. Mitunter, wie in Namibia, besteht sie nur aus einigen Fässern und einer kleinen Hütte am Wegesrand.

Wie wichtig es ist, nicht nur rechtzeitig zu tanken, sondern auch den „richtigen" Sprit einzufüllen erfuhren wir während unserer Reise mit der Transsibirischen Eisenbahn in der Mongolei. Dort trafen wir eine Gruppe deutscher Wohnmobilisten, die auf dem Weg zu einer Erdumrundung in

80 Tagen waren. Einer der Teilnehmer hatte in den USA statt Diesel normales Benzin getankt und es gelang ihnen nicht mehr, den Motor zu starten. Daraufhin schleppten sie das Fahrzeug bis an die Westküste der USA, anschließend durch ganz China und bis in die Mongolei nach Ulan Batur. Da auch eingeflogene Techniker aus Japan das Fahrzeug nicht mehr reparieren konnten, ließen sie es in der Mongolei zurück. Also, immer schön mit Bedacht den Zapfhahn wählen.

Gas

Die Europäische Union hat zwar schon vieles in Europa gleichgeschaltet und mit Normen versehen, aber bis zum Buchstaben „G" wie Gas hat sie es leider noch nicht geschafft.

Jedes Land hat unterschiedliche Gasflaschensysteme, und zum Leidwesen der Wohnmobilisten sind diese selbst mit Adaptern nicht immer auf einfache Weise zu verbinden. Darüber hinaus gibt es Länder, in denen das Befüllen von ausländischen Gasflaschen gesetzlich verboten ist. Nach unseren ersten diesbezüglichen Erfahrungen in Spanien, wo wir spezielle Verträge mit den Gasfirmen CEPSA und REPSOL abschließen mussten, haben wir uns dafür entschieden, in eine **Gastankflasche** zu investieren. Wir brauchten damit nur an eine Gastankstelle mit LPG zu fahren und das Gas wie Benzin zu tanken. Damit waren wir wesentlich unabhängiger als zuvor.

Der Haken bei dieser Technik ist, dass die Abdeckung mit Gastankstellen in Europa sehr unterschiedlich ist. Während in Ost- und Südosteuropa mindestens 80 % der Tankstellen auch Autogas anbieten, ist die Abdeckung in Schweden, Norwegen, Italien und Spanien sehr dürftig und in Finnland nicht existent. Wenn Sie aber Ihren Durchschnittsverbrauch an Gas und die Standorte der Gastankstellen kennen, können Sie die Reiseroute entsprechend planen. Ein Verzeichnis aller Gastankstellen in Europa können Sie direkt beim Kauf der Gastankflasche erwerben.

Auf eine Problematik möchte ich allerdings noch hinweisen: Autogas besteht meist aus Butan und nicht, wie der Inhalt deutscher Gasflaschen, aus Propan. Butan hat den Nachteil, dass es sich bei Temperaturen unter -2°C nicht mehr verflüchtigt, das heißt, die Heizung funktioniert dann auch nicht mehr.

Wir hatten für diesen Fall eine zweite Alugasflasche mit Propan dabei. Die Triomatic, ein automatisches Gastank-Umschaltsystem, konnte im Ernstfall selbsttätig auf Propan umschalten – vorausgesetzt, dass die Ventile beider Flaschen geöffnet waren. Dass die automatische Umstellung sonst nicht funktioniert, haben wir gelernt, als wir eines Nachts in den Bergen in Südspanien bei einer Außentemperatur von -6°C vor Kälte aufwachten. Die Heizung war ausgefallen, weil wir vergessen hatten, das Ventil der Propangasflasche zu öffnen. Es gibt Angenehmeres, als bei -6°C mitten in der Nacht nach draußen gehen zu müssen, um Gasflaschen zu öffnen ...

Wäsche waschen

Wenn wir auch nicht gerne auf Campingplätzen übernachteten, so suchten wir doch alle drei bis vier Wochen einen auf, um Wäsche zu waschen. Zum Glück weisen die meisten Campingplatzkataloge und -atlanten Symbole für Waschmaschine und Trockner auf. Dank der Symbole „W" und „T" konnten wir uns also gezielt Campingplätze mit Waschmöglichkeit aussuchen und unsere Reiseroute entsprechend planen. Unsere Erfahrungen in Bezug auf Verfügbarkeit, Qualität und Funktionalität der Maschinen sind allerdings sehr unterschiedlich. Südlich der Alpen fanden wir z. B. nur noch selten Plätze mit Wäschetrockner. Und bei den Waschmaschinen haben wir von sehr modernen und sauberen Geräten bis hin zu unbrauchbaren oder völlig verschmutzten Maschinen alles erlebt. Es gab Geräte, die so schmutzig und verschimmelt waren, dass wir sie, wenn überhaupt, nur mit Gummihandschuhen anfassen konnten und erst einmal reinigen mussten. Wenn schon die Campingplatzleitung nicht für Sauberkeit sorgt, wieso hinterlassen die Benutzer – meist zivilisierte erwachsene Frauen – die Geräte nicht in sauberem Zustand? Speziell die Einfüllschübe für Waschmittel und Weichspüler waren oft verschimmelt. Igitt!! Da lobe ich mir die Maschinen mit automatischer Dosierung von Waschmittel über einen zentralen Tank.

Richtig kritisch wurde es, wenn wir Temperaturen und Zeiten bei den Geräten nicht einstellen konnten. Es gab Waschmaschinen, bei denen selbst ein 60°C-Waschgang nach 20 Min. beendet war. Wie soll da die Wäsche sauber werden?

Noch schlimmer war die Zeiteinstellung vieler Trockner. Fast nie reichte ein Trockenzyklus zum Trocknen der Wäsche aus. Da die Geräte häufig mit Münzen betrieben wurden, die es an der Rezeption für teures Geld zu kaufen gab, mussten wir des Öfteren eine zweite Münze nachschießen. Lohnte sich der Einwurf einer zweiten Münze nicht, kam es auch vor, dass der Innenraum unseres Hoppels nach dem Waschen mit ausgelegter Wäsche übersät war. Ziemlich ungemütlich! Dafür roch es anschließend aber gut nach frischer Wäsche.

Nicht so prickelnd fanden wir das Gebaren anderer Womosapiens, die ihre ollen Unterhosen und BHs auf Leinen quer über den Platz hängten, um die Kosten für den Trockner zu sparen. Naja, manchen Menschen graut wohl vor gar nichts.

Bei teilweise € 4 pro Münze konnte ein Waschtag mit mehreren Maschinen schnell einmal über € 20 kosten. Für das Geld hätten wir uns auch Einmal-Unterwäsche kaufen können. Wir wollen aber nicht nur schimpfen: Es gab auch gute und günstige Waschgelegenheiten, z. B. in Bosnien, wo wir kostenlos eine nagelneue Maschine benutzen durften. Und trotz aller Umstände war es so allemal einfacher, als die Wäsche im Fluss zu waschen, wie wir es in Bulgarien oder anderen Bergregionen Südeuropas sahen.

Lebensmittel/Einkaufen

In meinem „früheren" Leben war mir das Einkaufen ein Gräuel. Überfüllte Supermärkte, lange Schlangen vor den Kassen, unfreundliche Bedienungen. Das gilt besonders in Bezug auf den Einkauf am Samstagvormittag.

Heute weiß ich, dass das ein rein deutsches Problem ist. Nicht nur, dass die Ladenöffnungszeiten unter der Woche länger sind, in vielen anderen Ländern Europas haben die Supermärkte auch am Sonntag, zumindest am Vormittag, geöffnet. In Rumänien z. B. gibt es große Supermärkte, in denen Sie sogar 24 Stunden am Tag einkaufen können. Dadurch entzerrt sich der Kundenandrang und es kommt nicht zu Hektik und langen Schlangen an den Kassen.

Haben Sie schon einmal am Samstagvormittag Kassiererinnen gesehen, die sich langweilten oder die Ihnen freundlich beim Einpacken der Waren geholfen haben? Wir inzwischen des Öfteren. Während unserer Reise ging ich immer gerne einkaufen, auch weil wir mehr Zeit zum Einkaufen hatten und die Supermärkte meist viel geräumiger waren als in Deutschland.

Markt in Lettland

Irgendwann kannte ich sogar die üblichen Preise vieler Nahrungsmittel und es war interessant, das Preisniveau der einzelnen Länder zu vergleichen. Bei den ständig wechselnden Währungen war dies oft eine richtige Herausforderung und nicht selten hatten wir beim Einkaufen einen Taschenrechner dabei. Erleichtert wurde der Preisvergleich natürlich durch die Einführung des Euro in einigen Ländern. Leider gibt es den Euro noch nicht in allen der von uns besuchten Länder. Interessanterweise hat Montenegro den Euro schon als Landeswährung, obwohl es noch nicht zur EU gehört.

Hier eine Auflistung der von uns bereisten Länder und ihrer Währungen zum Zeitpunkt unserer Reise (in der Reihenfolge unserer Reiseroute):

Deutschland	Euro
Dänemark	Dänische Kronen
Schweden	Schwedische Kronen
Norwegen	Norwegische Kronen

Finnland	Euro
Estland	Estländische Kronen (inzwischen Euro)
Lettland	Latt (inzwischen Euro)
Litauen	Litas (inzwischen Euro)
Polen	Zloty
Schweiz	Schweizer Franken
Liechtenstein	Schweizer Franken
Frankreich	Euro
Niederlande	Euro
Belgien	Euro
Luxemburg	Euro
Spanien	Euro
Portugal	Euro
Andorra	Euro
Italien	Euro
San Marino	Euro
Kroatien	Kuna
Montenegro	Euro
Bosnien	Konvertible Mark
Slowenien	Tolar (inzwischen Euro)
Österreich	Euro
Tschechien	Tschechische Kronen
Slowakei	Slowakische Kronen (inzwischen Euro)
Ungarn	Forint
Rumänien	Lei
Bulgarien	Lev

Seit unserer Reise sind weitere Länder der Eurozone beigetreten (z. B. Estland) oder nutzen den Euro als Währung, ohne EU-Mitglied zu sein (z. B. Kosovo).

Beim ständigen Wechsel zwischen den Währungen müssen Sie aufpassen, dass Sie nicht betrogen werden. Wir haben einmal in Ungarn mit 10.000 Forint bezahlt, aber nur auf 1.000 Forint Wechselgeld bekommen. Zum Glück bemerkten wir es kurz darauf und der Verkäufer war so ehrlich, den Rest noch auszuzahlen.

Überrascht hat uns das Angebot der Supermärkte im Baltikum. Nirgendwo sonst gab es eine so große Vielfalt an frisch zubereiteten Salaten oder sonstigen frischen Leckereien, von gefüllten Schnitzelchen bis zu zarten gegrillten Spanferkelzungen. Mir läuft heute noch das Wasser im Mund zusammen!

Besonders in Osteuropa gab es auch Kuriositäten zu entdecken. So haben wir in Budapest einmal eine Grillbratwurst gegessen, die beim Grillen mit einem Bügeleisen beschwert worden war, das man mit Holzkohle befüllt hatte. Und beim Gedanken an die Spanferkel, die in Kroatien überall am Straßenrand brutzelten, bekomme ich heute noch Hunger.

Bügelwurst

Diese Leckereien waren vor allem für eine kurze Mittagsrast gut geeignet. Es gehörte zu unseren Gewohnheiten, abends zu kochen und mittags nur einen kurzen Imbiss im Stehen in der Küche im Hoppel zu uns zu nehmen.

Das Fleischangebot beim Einkaufen entsprach jeweils den Gepflogenheiten der einzelnen Länder. So gab es z. B. in Norwegen praktisch kein Rindfleisch zu kaufen. Manchmal hatten wir das Gefühl, dass die Norweger nur Hackfleisch und Kotelett essen, da wir fast nichts anderes bekommen konnten – seltsamerweise auch keinen Fisch. Ob die Norweger sich den Fisch alle selbst fangen? Zum Glück haben Sie in Skandinavien in kleineren Fischereihäfen oft die Möglichkeit, ein paar Fische direkt vom Kutter zu kaufen.

Ähnlich verwundert waren wir auch in Alaska, dem Land der Lachse. Obwohl zur Hochsaison Tausende Tonnen Lachs gefangen wurden, kostete im Supermarkt 1 kg frischer Lachs US $ 25. Dafür kostete in Argentinien bestes Steakfleisch oder Rinderfilet umgerechnet weniger als € 5.

Frisches Gemüse und Salat sind in ganz Skandinavien Luxusartikel. Auch viele andere Lebensmittel sind sehr teuer, ein Suppenhuhn z. B. kostete uns im Jahr 2005 umgerechnet € 20. Besonders viel müssen Sie für alkoholische Getränke bezahlen. Diese gibt es in Skandinavien nicht im Supermarkt, sondern nur in speziellen Läden (Systembolaget, Vinmonopolet, Alcoshop), deshalb kosten sie entsprechend viel (einfacher Tafelwein: € 11 pro Flasche).

In Spanien haben uns die vielen Schinken aller Preisklassen beeindruckt, die zu Hunderten in den Märkten hingen. Gutes Rindfleisch ist hier so teuer, dass man es fast mit Gold aufwiegen kann. Dafür sind Geflügel, Kaninchen und vor allem Fisch relativ preiswert. An den bis zu 20 m langen Fischtheken bekommen Sie fast alles, was das Herz begehrt, unter anderem auch frische Shrimps in allen Größen. Wir haben es immer genossen, mit einer Tüte Garnelen und frischem Baguette am Wasser in der Sonne zu sitzen und sie zu pulen.

Ist einmal kein interessanter Fischmarkt in der Nähe, können Sie z. B. frische Miesmuscheln auch selbst im Wattenmeer sammeln. Wir hatten in

Schinken in einem Supermarkt in Spanien

Krabben pulen

Südschweden die Gelegenheit dazu. Allerdings ist das Schrubben und Putzen der Muscheln eine aufwendige Angelegenheit.

Nur in einem der von uns besuchten Länder gab es fast gar keine Supermärkte: In Bulgarien sind die deutschen Marktketten anders als in vielen anderen Ländern noch nicht angekommen. Dort hatten wir prinzipiell Schwierigkeiten Lebensmittelläden zu finden. Selbst in Großstädten mit zahllosen Plattenbauten, in denen Tausende Menschen leben müssen, haben wir kaum entsprechende Geschäfte gefunden.

Wie versorgen sich diese Menschen? Gibt es versteckte Straßenmärkte? Es kann nicht sein, dass sich all die Menschen nur bei den Kleinsthändlern eindecken, die am Straßenrand selbst gesammelte Pilze und Beeren, Früchte aus dem Garten oder Käse anbieten.

Wenn wir einmal einen Laden gefunden hatten, kam in Bulgarien wieder das Problem mit den kyrillischen Schriftzeichen auf uns zu. Zum Glück sind heutzutage viele Verpackungen mit Bildern oder Symbolen gekennzeichnet. Wenn das nicht reicht, können Sie auch Bildersprachführer nutzen, in denen alle Dinge des täglichen Lebens abgebildet sind. Im Bedarfsfall brauchen Sie den Verkäuferinnen nur das entsprechende Foto zeigen. Wir testeten dies erfolgreich mit Kaffeesahne.

In vielen Ländern gibt es inzwischen auch deutsche Supermärkte mit deutschen Produkten. So ist z. B. die LIDL-Dichte in Tschechien, der Slowakei, Ungarn und Spanien größer als in Deutschland. Auch Kaufland, Penny, ALDI und Plus (in Deutschland inzwischen Netto) gibt es dort, während in Rumänien REAL und METRO häufiger zu sehen sind. In Spanien und Frankreich beeindrucken immer wieder die riesigen Carrefour-Supermärkte.

Neben dem Einkaufen in Supermärkten machte es uns immer besonderen Spaß, über Wochenmärkte zu schlendern. Nicht nur wegen des Angebots an frischem Obst und Gemüse, sondern auch wegen der teils sehr exotischen Waren, die Sie dort finden können. Eher befremdend war es allerdings, in Lettland auf einem Wochenmarkt am Straßenrand ordentlich gestapelt knallig bunte Büstenhalter in Übergrößen angeboten zu sehen.

Den größten Markt auf unserer Reise besuchten wir in Riga, der Hauptstadt Lettlands. Ein ganzes Stadtviertel besteht hier nur aus Markt, natürlich ordentlich aufgeteilt in Märkte für Blumen, Obst, Gemüse, Fisch, Fleisch, Backwaren, Schuhe, Kleider, Elektrogeräte usw. Alles machte einen sauberen und hygienischen Eindruck.

Auch alte, architektonisch schöne Markthallen konnten wir bewundern. Besonders gut gefielen uns die Hallen in Helsinki und Budapest. In Helsinki haben wir auf dem Markt einmal einen Liter (?!) Erbsenschoten gekauft und sind erbsenknackend am Meeresufer entlanggelaufen. Lustigerweise wurden die Schoten tatsächlich nicht gewogen, sondern mit einem Messbecher abgemessen.

In der Markthalle in Budapest besticht neben der Architektur vor allem die tolle Atmosphäre – besonders wenn eine Gruppe temperamentvoller Musiker neben einem Stand mit vielen Chilis, Paprikaschoten und ungarischer Salami aufspielt.

Auf spanischen Wochenmärkten wunderten wir uns oft, was man alles für € 1 oder € 2 herstellen, transportieren und verkaufen kann, ohne dabei Verluste zu machen. So wie es in Tschechien viele preiswerte vietnamesische Läden gibt, finden Sie an der spanischen Mittelmeerküste viele chinesische Geschäfte, die fast alles für € 1 verkaufen. Hier ein kleines Beispiel: Zum Umnähen einer Hose brauchten wir einmal ein Nähgarn einer bestimmten Farbe. Da es die benötigte Farbe nicht einzeln gab, kauften wir gleich einen 10er-Pack recht dicker Röllchen mit unterschiedlichen Farben – für € 1. In Deutschland hätte ein einziges dünnes Röllchen diesen Preis gekostet.

Da wir häufiger in oder bei kleinen Dörfern auf dem Land übernachteten, haben wir auch regelmäßig in Dorfläden eingekauft. Wegen der Sprachprobleme lief dies meist mittels Handzeichen und internationaler Körpersprache ab. Schnell hatte sich unsere Anwesenheit mit dem

Wohnmobil herumgesprochen und die „Dörfler" honorierten später unseren Einkauf im Dorfladen mit freundlichem Winken.

Internet und Internetcafés

Zu diesem Thema machten wir in den einzelnen europäischen Ländern sehr unterschiedliche Erfahrungen.

Da wir praktisch immer unterwegs waren, mussten wir alle Bankgeschäfte und sonstige Post per Internet erledigen. Zu diesem Zweck hatten wir unseren Laptop dabei. Leider war es nur selten möglich, mit dem eigenen Computer ans Netz zu gehen. Auch über Wireless-Lan ins Internet zu kommen war oft schwierig oder, bei Vorhandensein von WI-FI (ein kommerzielles W-LAN-System mit käuflich zu erwerbenden, zeitlich befristeten Zugangscodes), sehr teuer. Allerdings ist es uns mehrfach gelungen, speziell an Jachthäfen oder in Industriegebieten draht- und kostenlos über offene, ungesicherte Netze ins Internet zu gelangen. Einschränkend muss aber erwähnt werden, dass die Suche nach den Netzen mit dem Laptop auf dem Schoß des Beifahrers sehr zeitaufwendig war.

Was den Zugang zum Internet über die PCs der Internetcafes betrifft, erlebten wir sowohl qualitativ als auch preislich extreme Unterschiede. Gerade in Osteuropa und auf dem Balkan sowie mancherorts in Italien wurde mit veralteten PCs gearbeitet, die enorm langsam waren. Des Öfteren kamen wir hier nicht einmal an unsere E-Mails heran. Preislich gesehen war vom kostenlosen Zugang in schwedischen Touristenbüros oder finnischen Rathäusern bis hin zu kommerziellen Cybercafés in Norwegen für € 8 (!) pro Stunde alles möglich. Dafür durften wir in Tromsoe/Norwegen in einem Büro gegen Rassendiskriminierung sogar kostenlos unseren Laptop anschließen. Nur zweimal während unserer Europareise (zwischen 2005 und 2008) gelang es uns, auf Campingplätzen vom Womo aus den kostenlosen Service einer drahtlosen Verbindung zum Netz zu nutzen: einmal in Rumänien und einmal in Ungarn. Trotz verfügbarer technischer Mittel wurde dies sonst kaum angeboten. In Litauen nahmen sich zwei EDV-Fachleute mehr als zwei Stunden Zeit (kostenlos), um uns beim Anschluss des Laptops an das Netz zu helfen. Leider vergeblich.

In Süd- und Nordamerika sieht die Situation wesentlich besser aus. In Kanada und Alaska z. B. gibt es fast keinen Campingplatz ohne Internetzugang über ein Drahtlosnetz. Aufgrund der neuesten modernen Technologien sollte der Internetzugang per WLAN auch in Europa inzwischen kein Problem mehr darstellen.

Unterwegs

Abfahrt

Ist die Morgenroutine erledigt und die Reiseroute geplant, kann es losgehen: erst noch bei den freundlichen Womosapiens der Nachbarschaft verabschieden und dann den letzten Check durchführen. Sind die Gasventile geschlossen? Sind alle Fenster, Türen und Schränke verriegelt? Sind alle Flaschen gesichert und ist das Geschirr rüttelfest verstaut? Ist die Satellitenschüssel eingefahren, sind Receiver und Fernseher ausgeschaltet? Sind die Stauräume zu? Ist die Kühlschranktür gesichert?

Zu Beginn unserer Reise haben wir das ein oder andere schon einmal vergessen. Der Spaß hört auf, wenn sich in einer Kurve plötzlich der Inhalt des Kühlschranks in den Wohnraum ergießt oder der Fernseher auf seiner Schiene in den Raum hineinragt. Nicht nur, dass es unnötige Putzerei bedeuten kann, es ist auch gefährlich, wenn Sie sich als Fahrer in der Kurve plötzlich erschrecken. Unangenehm und teuer könnte es auch werden, wenn Sie sich z. B. die Satellitenschüssel oder ein Fenster an einem Baum oder Ast abfahren. Bei den teilweise schlechten Straßenverhältnissen wäre aber auch schon ein ganztägiges Klappern des Geschirrs unerträglich.

Markisenreparatur ohne Leiter

Da bei unserem „Bushi 2" in Chile Fahrerhaus und Wohnkabine getrennt waren, konnten wir während einer rasanten Fahrt durch sehr

Reifenwerkstatt in Chile

unwegsames Gelände nicht hören, dass in der Wohnkabine eine Tür aufging und sich sämtliches Geschirr und Besteck über den Boden verteilte. Natürlich ist einiges zu Bruch gegangen. Unsinnigerweise hat der Vermieter das Fahrzeug mit Geschirr aus Steingut ausgestattet, statt auf Kunststoffgeschirr zurückzugreifen. Dieser Schaden hatte dennoch etwas Gutes. Wir kauften im nahe gelegenen Ort direkt neues Geschirr und entdeckten beim Verlassen des Geschäftes einen schleichenden Plattfuß am rechten Vorderrad. Im letzten Moment erreichten wir noch eine Reparaturwerkstatt, wo man sofort alle sonstigen Arbeiten einstellte, um in Windeseile unseren Reifen zu flicken, nachdem wir uns als Deutsche zu erkennen gegeben hatten. Befremdlich war dabei nur, dass der Besitzer der Werkstatt ständig seine deutschen Maschinen lobte und über Israel herzog. Hoppla, waren nicht viele Nazis nach Chile geflüchtet? Wie auch immer, wir waren froh, den Platten nicht erst in den Serpentinen, im unwegsamen Gelände, entdeckt zu haben.

Kilometer

Da wir genügend Zeit auf unserer Reise hatten, versuchten wir, möglichst nie mehr als 100 km pro Tag zu fahren und Autobahnen weitestgehend zu meiden. Eine statistische Auswertung unseres Fahrtenbuches ergab letztendlich eine durchschnittliche Fahrleistung von 145 km pro Tag, wobei natürlich Tage mit vielleicht 15 km ebenso dabei waren wie wenige andere mit mehr als 300 km. Wir hatten auf jeden Fall (fast) nie Stress, das Tagesziel zu erreichen oder einen Stellplatz zu finden.

Ein weiteres Ziel, das wir uns gesetzt hatten, war es, nie im Dunkeln zu fahren oder im Dunkeln anzukommen. Dies war in Skandinavien zur Mittsommernacht natürlich leichter als im Winter in Südeuropa. Wir mussten aber trotzdem auf der kompletten Reise nur einmal im Dunkeln fahren, nachdem uns ein freundlicher, aber energischer Polizist in Spanien abends um 22:00 Uhr von unserem Stellplatz verjagt hatte. Wir waren allerdings selbst schuld, denn an der Stelle stand ein Womo-Verbotsschild. Zum Glück war die zu fahrende Strecke nicht weit, da ein freundlicher benachbarter Womosapiens in der Nähe einen weiteren Platz am Strand kannte.

Parkplätze

Die Motive für eine Reise wie die unsrige sind vielfältig, aber ein Grund ist sicher, dass man Dinge sehen möchte, die man noch nicht kennt. Dazu gehören Landschaften ebenso wie touristische Highlights und Städte oder kleinere Ortschaften. Auf so manche Sehenswürdigkeit, die wir gerne besichtigt hätten, mussten wir allerdings mangels eines geeigneten Parkplatzes verzichten. Entweder waren die vorhandenen Parkplätze zu klein bzw. zu eng, überfüllt mit Pkw, zu weit weg oder uns zu unsicher. Immerhin hatten wir all unser Hab und Gut im Auto, daher sollte der Parkplatz schon bewacht sein, wenn wir das Auto allein zurückließen.

Oft waren auch schon die Zufahrten für ein 6,60 m langes und 2,30 m breites Fahrzeug zu schmal und verwinkelt, was uns gerade in Italien Probleme machte. In Südfrankreich sind zudem die meisten Parkplätze mit 1,90 m hohen Barrieren versehen. Selbst auf Supermarktparkplätzen haben wir solche Barrieren erlebt. Anscheinend wollen sie uns nicht als Kunden.

Gerade in Innenstädten mit schöner Altstadt oder sakralen Sehenswürdigkeiten suchten wir oft lange nach geeigneten Parkplätzen. In Monte

Carlo sind wir fast drei Stunden lang herumgefahren, ohne einen Parkplatz zu finden. Des Öfteren waren wir auch auf der Suche nach einem Touristen-Informationsbüro, einem Internetcafé oder einer Telefonzelle, mussten dann aber wegen eines fehlenden Parkplatzes die Segel streichen. In Valencia fuhren wir zwei Stunden durch die Stadt, um eine Telefonzelle mit gleichzeitig freiem Parkplatz zu finden. Entweder wir fanden einen Parkplatz, dann war keine Telefonzelle in der Nähe, oder wir entdeckten eine Telefonzelle, dann war kein Parkplatz zu finden. (Unser Handy benutzten wir im Ausland aufgrund der damals sehr hohen Roaming-Gebühren so gut wie nie. Zum Glück hat sich die Situation diesbezüglich, durch die Intervention der EU, wesentlich gebessert und die Kommunikation wurde durch das Internet und mit Hilfe entsprechender APPs deutlich vereinfacht.)

In solchen Situationen sind natürlich alle Womosapiens im Vorteil, die einen zusätzlichen fahrbaren Untersatz dabeihaben und weiter außerhalb parken können. So manches Mal bereuten wir es, unsere Klappfahrräder aus Platz- und Gewichtsgründen zu Hause gelassen zu haben.

In Bezug auf gesonderte Wohnmobil-Parkplätze gibt es inzwischen aber auch Ausnahmen, die die Regel bestätigen. Über Europa verteilt finden Sie Gemeinden, die sich dieses Problems angenommen und spezielle Parkplät-

Parkplatz mit Steckdose in Alaska

ze bzw. Stellplätze für Wohnmobile in Reichweite der Sehenswürdigkeiten eingerichtet haben. Noch sind diese allerdings in der Minderheit und zudem oft mit Pkw zugeparkt.

Erwähnenswert finden wir allerdings auch die Besonderheit vieler Parkplätze in den größeren Städten Alaskas. Sehr häufig ist jeder einzelne Stellplatz mit einer Steckdose ausgestattet, damit man vor dem Starten des Fahrzeugs mit einer elektrisch betriebenen Heizung den Motor und den Innenraum vorheizen kann. Wir wunderten uns anfangs, warum bei vielen Autos ein Kabel mit Stecker aus der Kühlerhaube hängt. Bei Tiefsttemperaturen von -30°C und weniger im Winter sicher eine nützliche Einrichtung.

Stadtbesichtigungen

Für Besichtigungen hat es sich als praktisch erwiesen, dass es inzwischen in fast allen europäischen Großstädten sogenannte „Hop On – Hop off"-Busse gibt. Diese bieten die Möglichkeit, nicht nur eine Stadtrundfahrt zu machen, sondern auch an interessanten Stellen längere Zeit zu verweilen, sich umzuschauen und dann mit dem nächsten Bus weiterzufahren, ohne erneut Tickets kaufen zu müssen. Häufig sind die Busse oben offen, sodass Sie bei schönem Wetter einen herrlichen Rundum-Blick haben.

In vielen Städten können Sie auch in ein kleines „Eisenbähnchen" mit offenen Anhängern steigen und auf einer Rundfahrt durch die Gassen und Straßen die Attraktivitäten des jeweiligen Ortes bewundern. Fast immer werden diese Rundfahrten durch mehrsprachige Erklärungen über Kopfhörer unterstützt. Auf diese Weise war es für uns z. B. besonders bequem, die Stadt Bergen in Norwegen mit ihren umliegenden Hügeln zu erkunden.

Eine Stadtrundfahrt hilft auch dabei, sich zunächst einen Überblick zu verschaffen, um dann später gezielt die interessanten Stellen noch einmal aufzusuchen. Oft bietet sich der Kauf einer „XY-City-Card" an, die Sie in den Touristenbüros oder in Bahnhöfen erhalten. Mit diesen Tickets können Sie sich innerhalb eines bestimmten Zeitraums (z. B. ein, zwei oder fünf Tage) zu einem Pauschalpreis so oft und so lange Sie wollen mit öffentlichen Verkehrsmitteln bewegen. Zudem ist häufig der Eintrittspreis zu vielen Sehenswürdigkeiten inklusive oder zumindest ermäßigt. Gerade in größeren Städten, in denen man sich eventuell mehr als einen Tag aufhält,

Farbenfroher „Hop on – Hop off"-Bus

lohnt sich der Kauf einer solchen Karte. Mit wenigen Ausnahmen (z. B. Bukarest und Sofia, die wir gar nicht besuchten) besichtigten wir fast alle besuchten Hauptstädte auf diese Art.

Noch nie sahen wir in so kurzer Zeit so viele Kirchen von innen wie in den zweieinhalb Jahren unserer Wohnmobilreise, davon die meisten in Italien, Ungarn und im Baltikum. Allein in Vilnius (Litauen) gibt es im Innenstadtbereich 22 Kirchen aller Glaubensrichtungen. Es ist schon bewundernswert, was die Baumeister und Künstler in früheren Jahrhunderten geschaffen haben. Besonders die Deckenfresken und Bleiglasfenster haben mich fasziniert, aber auch die Kunst der Zimmerleute, die wir in norwegischen Stabkirchen bestaunen konnten. Viele der osteuropäischen Kirchen wurden oder werden gerade restauriert, und fast immer spielen polnische Restaurateure eine große Rolle dabei. Liegt es an den niedrigen Löhnen oder sind sie besonders begabt?

Nicht immer war das Motiv für eine Kirchenbesichtigung aber unser kunsthistorisches Interesse; manchmal war es auch der Wunsch nach Abkühlung bei Außentemperaturen von über 35°C, wie wir sie in Italien und in Südosteuropa einige Male erlebten. Meist war es hinter den dicken

Mauern angenehm dunkel, kühl und still. Besonders in den Großstädten mit entsprechender Hektik und Verkehrslärm konnten wir uns in der Ruhe und Stille in den Kirchen gut erholen.

Neben der Besichtigung historischer Stätten oder bedeutender Bauwerke, von denen es z. B. in Städten wie Budapest, Prag oder Rom Hunderte gibt, hat uns das Schlendern durch die Gassen von Altstädten besonders viel Spaß gemacht. Nicht selten haben uns am Abend die Socken gequalmt.

Unter den vielen Altstädten, die wir besichtigten, möchte ich einige wegen ihrer besonderen Atmosphäre hervorheben, so z. B. Porto in Portugal, Orvieto und Siena in Italien und Córdoba und Sevilla in Spanien. Intensiver als in diesen engen Gassen mit den Wäscheleinen zwischen den Häusern und den auf den Fensterbänken lehnenden Menschen empfanden wir die mediterrane Atmosphäre nirgendwo. Ganz anders ist dagegen z. B. die Stimmung in den Dörfern und Kleinstädten in Skandinavien und im Baltikum mit den vielen bunten Holzhäusern und den manchmal begrünten Dächern.

Besonders pittoresk wirkten die weißen Dörfer in Andalusien. Wie Zuckerwürfel kleben sie teilweise an den steilen Hängen der Berge und Täler. Ähnlich schön sind die malerischen Dörfer in den Bergen Italiens, die wie Pudelmützen die Kuppen der Hügel zieren. Eher putzig anzuschauen sind dagegen die runden Trullihäuser in Alberobello und die Höhlenwohnungen (Sassi) von Matera in Italien. Bemerkenswert fanden wir aber auch die Holzschnitzereien an Häusern und Torbögen in den Karpaten.

Überrascht hat uns, wie viele Fassaden und Gebäude in den Hauptstädten des Baltikums und in Südosteuropa inzwischen restauriert worden sind. Viele allerdings nur oberflächlich: Bei manchen wurden nur die Fassaden erneuert, bei anderen nur die Erdgeschosse. Es ist ein befremdender Anblick, wenn sich im Erdgeschoss eine mondäne Boutique mit edlen Kleidern oder teuren Schuhen befindet, während direkt darüber die Balkons mit ihren verrosteten Geländern abzustürzen drohen und der graue Putz von den Wänden fällt.

Meist sind auch nur die Hauptstraßen und die touristischen Sehenswürdigkeiten mit ihrer Umgebung renoviert. Wenige Meter weiter, in den Seitengassen, fühlten Sie sich dann um 30 Jahre zurückversetzt. Die Fassaden sind grau und es ist deprimierend, dort entlangzugehen. Sie sehen sofort, wo in den neuen EU-Ländern das internationale Geld hinfließt und wo andererseits noch nicht einmal das Geld für einen Eimer Farbe übrig ist. Die wenigste Farbe wurde bisher nach Polen, Rumänien und Bulgarien geliefert. Es hat uns überrascht, dass die baltischen Staaten teilweise schon fortschrittlicher sind als Polen.

In Sibiu (ehemals Herrmanstadt) in Siebenbürgen/Rumänien erzählte uns ein deutscher Kunsthistoriker, dass eine Straßenlaterne auf dem Hauptplatz € 80.000 (!) gekostet habe. Man fragt sich, wer dabei alles mitverdient hat oder in welche Kanäle das Geld geflossen ist.

Zu den vergnüglichen Dingen einer Stadtbesichtigung gehörte es für uns auch, uns bei einer Tasse Kaffee oder einem Glas Wein auf einen Platz zu setzen und die Mitmenschen zu beobachten. Dabei hat es immer Spaß gemacht, die Herkunft der Passanten zu erraten, denn meist handelte es sich um ganz internationales Publikum. Nicht jeder Asiat ist schließlich ein Japaner. Getrübt wird das Vergnügen nur, wenn, wie wir es in Italien erlebten, eine Tasse Kaffee € 6,50 kostet.

Überraschenderweise trafen wir bei keiner Stadtbesichtigung in ganz Europa – außer in Deutschland – Bettler. Dafür sahen wir zum Teil wirklich gute, unterhaltsame Straßenmusikanten. Es ist schon etwas Besonderes, in Kopenhagen am Hafen in einem Straßenrestaurant zu sitzen und vor dem Hintergrund der Fischerboote an der Pier von einer Jazzband unterhalten zu werden.

Interessant war es auch, durch die vielen Parks zu spazieren, sei es in den Innenstädten oder auf dem Gelände der vielen Schlösser und Burgen, die wir unterwegs besichtigten. So mancher Gärtner hatte eine nahezu künstlerische Begabung beim Beschneiden der Büsche und Bäume an den Tag gelegt. Besonders bei der Gestaltung von Buchsbäumchen waren der Fantasie keine Grenzen gesetzt. Vom Buchsbaum-Pfau bis zum Buchsbaum-Elefanten konnten wir fast alle Tiere bestaunen.

Ich hatte nicht damit gerechnet, auf dieser Reise so viele Burgen und Schlösser zu sehen und will sie auch nicht alle aufzählen. Einige Highlights sollten aber schon erwähnt werden: In Stockholm, Prag und San Marino konnten wir z. B. zusammen mit Hunderten von Schaulustigen interessante Wachablösungen sehen. Und spannend war auch das Herumsteigen in den engen Gängen des Dracula-Schlosses in Transsilvanien in den Karpaten.

Straßenverhältnisse/Hindernisse

Nach Beendigung der Besichtigungstour geht es wieder auf die Straße, dem nächsten Etappenziel entgegen. Wenn Sie Glück haben, ist nicht gerade Samstag oder Sonntag, denn sonst würde es gefährlich. Warum? Weil am Wochenende hinter jeder Kurve oder Bergkuppe ein Trupp **Radfahrer** die halbe Straße blockieren kann oder ein verrückter **Motorradfahrer** im Stile eines Valentino Rossi mit irrwitziger Geschwindigkeit die Kurve schneidet. Besonders in Italien und Spanien stellte dies wirklich ein Problem dar.

Nachdem wir in Italien einmal beim Überqueren einer Straße fast von Motorrädern überfahren wurden, versuchten wir, an Wochenenden möglichst gar nicht unterwegs zu sein und lieber auf unserem ruhigen Stellplatz zu bleiben.

Aber auch die Wochentage haben ihre Tücken. Zum einen herrscht insgesamt mehr Verkehr, zum anderen sind viele Straßen durch bequeme Autofahrer blockiert, die mit Warnblinkanlage in der 2. und 3. Reihe parken. Warum soll man auch extra einen freien Parkplatz suchen, nur um in der überfüllten Bäckerei ein Baguette zu kaufen? Mehr als einmal verursachten wir hinter uns ein Hupkonzert, da wir nicht weiterkamen. In dieser Hinsicht war es in Italien besonders schlimm. Vor allem in den Städten Siziliens war mit dem Wohnmobil häufig kein Durchkommen, zumal dort die Straßen und Gassen besonders eng sind. Mehrmals musste Uschi vorausgehen, um die Spiegel der **parkenden Autos** einzuklappen. Manchmal war es regelrechte Millimeterarbeit, solche Engstellen zu überwinden, denn gleichzeitig mussten wir auf der rechten Seite auf Verkehrsschilder oder überragende Balkons achten.

In Spanien gibt es unter der Woche ein weiteres Hindernis auf der Straße: **Betonmischer**. Durch ihre langsame Fahrweise behindern sie ständig den Verkehr. In keinem Land der Welt haben wir so viele Betonmischer gesehen – es gab Tage, an denen uns bis zu 20 dieser Monster aufhielten. Interessanterweise sind sie dort häufig bunt bemalt statt einheitlich grau.

Es gibt allerdings ein Land, das sich anschickt, Spanien bei der Anzahl der Betonmischer Konkurrenz zu machen: Rumänien. Im ganzen Land ist ein Bauboom ohnegleichen ausgebrochen. Hinzu kommt hier die Behinderung durch Tausende **Lkw**, die sich im Transit zwischen der Türkei und

Pferdefuhrwerk mit Nummernschild

Nord- oder Mitteleuropa befinden. Wegen fehlender Autobahnen nutzen sie die normalen Landstraßen.

Gefahr geht in Rumänien auch von den vielen **Pferdefuhrwerken** aus, die gemächlich und abends ohne Beleuchtung über die Hauptstraßen trotten. Erstaunlich ist, dass diese Fuhrwerke mehrheitlich mit Nummernschildern ausgestattet sind. Solche Kennzeichen haben die archaisch anmutenden Ochsenkarren in Bulgarien nicht. Sie sind zum Glück aber auch nicht so häufig anzutreffen.

Aufgefallen ist uns die Freundlichkeit der Fahrer und Begleiter auf solchen Pferde- oder Ochsenfuhrwerken. Fast immer haben sie freundlich gewinkt und gelacht. Nur manchmal haben die alten Mütterchen mit ihren Kopftüchern, die hinten auf der Ladung saßen, ängstlich geschaut. Meist waren es die Kinder, die uns tanzend und winkend begrüßten.

Viel Geduld hatten wir aufzubringen, wenn die Straßen durch **Schafherden** blockiert waren. In Neuseeland warteten wir einmal eine ganze Stunde, bis eine Herde mit vielen Hundert Tieren das Womo auf der engen Straße passiert hatte.

Wenn wir schon von Hindernissen reden, müssen gerade in Bezug auf die neuen EU-Länder die Baustellen erwähnt werden. Zur Verbesserung der Infrastruktur fließt reichlich Geld aus Brüssel nach Osteuropa. Wegen fehlender Umleitungsmöglichkeiten finden die Bauarbeiten aber bei fließendem Verkehr statt. Alle 3 km eine **Baustellenampel**, an der man zehn Minuten warten muss – das kann ganz schön nerven. Und sind es nicht die Ampeln oder funkgesteuerte menschliche Verkehrslotsen, dann sind es die extrem schlechten Schotterstraßen, die das Fahren zur Geduldsprobe machen. Verständnis für die Bauarbeiten hatten wir aber angesichts der katastrophalen Straßenverhältnisse trotzdem.

Die Baustellen in Südamerika sowie in Kanada und Alaska hatten es auch in sich. Da der Verkehr – meist wegen fehlender Alternativrouten – nicht umgeleitet werden konnte und die Baustellen oft mehrere Kilometer lang waren, mussten wir häufig lange Wartezeiten in Kauf nehmen. Es konnte schon einmal eine Stunde dauern, bis der Gegenverkehr durch war

Wer ist stärker?

und uns ein „Pilot Car" durch die Baustelle führte. Oder wir, wie in Chile, kilometerweit im Schritttempo hinter einer Planierraupe herfahren mussten.

Mit Teer verschmutzter „Bushi 3"

Eine Warnung möchte ich noch loswerden. Sollten Sie in eine Baustelle geraten, in der die Fahrbahn gerade neu geteert wird und die Fahrbahndecke noch glänzt, versuchen Sie, die Weiterfahrt zu vermeiden. In Argentinien fuhren wir durch eine solche Baustelle und stellten im Nachhinein fest, dass unser „Bushi 3" nun mit Teerflecken übersät war. Wir brauchten mehrere Stunden, zwei Liter Benzin sowie einige Rollen Küchenpapier, um diese Teerflecken zu entfernen. Schon wegen des Gestanks war dies eine unangenehme Arbeit, vom Zeitverlust einmal ganz abgesehen. Diese Stunden hätten wir lieber in der Sonne am Flussufer oder am Lagerfeuer verbracht.

Apropos Zeitverlust: In Dawson City in Kanada am Klondike River mussten wir einmal fast eine Woche warten, weil die Trasse des „TOP OF

THE WORLD HIGHWAY" nach Alaska durch sintflutartige Regenfälle weggespült war. Interessanterweise konnten wir uns täglich durch den kostenlosen Internetzugang des Campingplatzes über den Fortgang der Reparaturarbeiten informieren und die Zeit entsprechend nutzen. Ein super Service.

In Rumänien waren die Straßen noch schlechter als befürchtet, nicht nur wegen der vielen **Schlaglöcher**, sondern auch wegen der tiefen **Spurrillen**, die entstehen, wenn viele Lkw bei 40°C im Schatten und aufgeweichtem Asphalt über die Landstraßen brettern. Die Rillen waren z. B. vor Ampeln manchmal so tief, dass niedrig liegende Pkw aufsetzten.

Die bulgarische Regierung macht es diesbezüglich besser: Dort gibt es bei Temperaturen über 35°C von 13:00 bis 19:00 Uhr ein Lkw-Fahrverbot. Aber nicht nur wegen der besseren Straßen ist es in Bulgarien angenehmer zu fahren, auch das Verkehrsaufkommen entspricht nur einem Bruchteil des rumänischen.

Ein Thema muss ich im Zusammenhang mit den Straßenverhältnissen in Südosteuropa noch aufgreifen: **Kanaldeckel.** Jeder weiß, wie ein Kanaldeckel aussieht. Wir wissen inzwischen auch, wie sich ein Kanaldeckel anfühlt. Die Gelder der EU haben erfreulicherweise zu einigen neuen Straßenbelägen geführt. Leider hat man versäumt, die Kanaldeckel auf die gleiche Höhe mit dem Straßenbelag zu bringen und so gibt es statt „natürlicher" Schlaglöcher jetzt künstliche mit einer Tiefe bis zu 20 cm. Dummerweise sind sie so auf der Straße verteilt, dass man sie häufig nicht umfahren kann.

Auch auf die Straßenverhältnisse in Polen kann ich kein Loblied singen. Sehr enge Alleen gepaart mit „**Patchwork-Straßen**" machen einem Womosapiens am Steuer das Leben schwer. (Unter „Patchwork-Straßen" verstehen wir solche, die praktisch nur aus geflickten Stellen bestehen und keinen einheitlichen Belag mehr aufweisen.)

Zusätzlich existieren in Osteuropa noch sehr viele Straßen mit **Kopfsteinpflaster**. Hier gibt es mit einem Wohnmobil nur zwei Möglichkeiten: Entweder Sie fahren mit mehr als 60 km/h darüber oder sehr langsam. Trotz zusätzlicher Luftfederung, die wir eingebaut hatten, und guter Verarbeitung aller Einbauten fing bei Kopfsteinpflaster das ganze Auto an zu rappeln und zu klappern. Sollte morgens nicht alles ordentlich verstaut worden sein, waren spätestens nach 1 km groben Kopfsteinpflasters alle Utensilien und das Geschirr „festgerüttelt". Durch die Vibrationen, die beim Befahren von Kopfsteinpflaster oder Schotterstraßen entstehen, hat sich so manche Schraube am Fahrzeug und an den Einbauten gelockert. Daher ist es ratsam, von Zeit zu Zeit einen gründlichen Check aller Schrauben, soweit zugänglich, durchzuführen.

Von allen besuchten Ländern hatte Spanien die qualitativ besten Straßen. Selbst in abgelegenen Bergregionen fanden wir fast immer ordentliche Straßenverhältnisse vor. Die Qualität der deutschen Straßen würde ich bei einem Ranking höchsten im Mittelfeld einstufen.

Auch mit den Straßen in Skandinavien waren wir zufrieden, obwohl wir dort viele Hundert Kilometer **Schotterstraßen** gefahren sind. Bei guter Pflege, d. h. bei regelmäßiger Beseitigung von ausgewaschenen Regenrinnen, lassen sich diese besser befahren als eine schlechte Asphaltpiste mit Bodenwellen und Schlaglöchern.

Durch die Reisen in Afrika und Amerika konnten wir viel Erfahrung mit Schotterstraßen und einspurigen Wegen an Abgründen entlang sammeln.

Hauptverbindungsstraße nach Südchile

Mit dem richtigen Fahrzeug macht es sogar viel Spaß. Einziger Wermutstropfen ist die permanente Gefahr des Steinschlags. Nach mehreren Sternchen in der Windschutzscheibe und entsprechenden Schrecksekunden haben wir gelernt, den folgenden Rat zu beachten: Bei Gegenverkehr oder Überholvorgängen sollte man möglichst nah an den anderen Autos vorbeifahren und nicht, wie unser Gefühl sagen würde, weit entfernt, damit die aufspritzenden Steine gar keine Gelegenheit haben, die Höhe der Fenster zu erreichen. Klingt logisch und hat auch funktioniert.

Eine Einschränkung muss man allerdings in Norwegen machen. Viele der Straßen an den Fjorden entlang, aber auch im Inland, sind nur **einspurig** befahrbar. Das erschwert natürlich das Befahren mit einem Wohnmobil. Mehrfach mussten wir Millimeterarbeit am Abgrund entlang leisten. So mancher entgegenkommende Pkw-Fahrer, der nicht rückwärts bis zur nächsten Ausweichbucht fahren wollte, hat Blut und Wasser geschwitzt. Immerhin ging es häufig ohne sichernde Leitplanken mehrere Hundert Meter den Hang hinab. Nicht umsonst sind einige Straßen für Wohnwagengespanne gesperrt.

In diesem Zusammenhang sind die vielen **Serpentinen** mit ihren Spitzkehren zu erwähnen, von denen wir auf unserer Reise Tausende erlebt haben. Nicht nur in Norwegen, Südostfrankreich, Italien und in den Karpaten befuhren wir viele solcher extrem engen Kurven, sondern ganz besonders auch in den Anden.

Die Tücke dabei ist, dass Sie im Wohnmobil nur eine sehr eingeschränkte Sicht nach rechts hinten haben, was gerade bei rechtskurvigen Spitzkehren wegen eventuellem Gegenverkehr recht kritisch ist. Gut, wenn Sie dann einen Beifahrer oder eine Beifahrerin mit dem nötigen „Durchblick" haben, auf den/die Sie sich verlassen können.

Eine der interessantesten Serpentinen führte uns in Montenegro von Kotor aus auf ein Hochplateau, durch 32 extrem enge Spitzkehren. Hier hätte unser Hoppel keinen Meter länger sein dürfen.

Serpentinen führen meist zu Passhöhen. Die mit 2.400 m höchste in Europa führte uns über die Pyrenäen von Andorra nach Frankreich. Weitaus höhere Pässe mussten wir in den Anden überqueren. Mit zum Teil wirklich spektakulärer Aussicht erreichten wir dabei eine Höhe von 4.800 m üNN.

Da wird die Luft schon ganz schön dünn, vor allem für uns als Raucher. Zum Glück bekamen wir keine Höhenkrankheit, da wir uns über Tage hinweg langsam an die Höhenluft anpassen konnten. Interessanterweise ließ in dieser Höhe die Leistung unseres Fahrzeugs nicht, wie aufgrund des geringeren Sauerstoffgehaltes erwartet, nach. Im Gegenteil, als wir in 4.600 m Höhe einen Salzsee überquerten, erreichten wir eine viel höhere Endgeschwindigkeit als auf Meereshöhe (160 km/h anstatt nur 130 km/h). Wir führen dies darauf zurück, dass der Luftwiderstand des Womos wesentlich niedriger war als sonst. Wir hätten nie gedacht, dass sich dies so stark bemerkbar macht.

Serpentinen in den Anden

Berühmt und spektakulär sind natürlich die Trollstiegen in Norwegen. Diese sind deshalb interessant, weil Sie von einer Aussichtsplattform von oben auf die Serpentinen schauen können und dabei erst erkennen, wie eng es in den Spitzkehren zugeht. Wir haben einen Reisebus beobachten können, der sich festgefahren hatte und erst mit fremder Hilfe, nachdem alle Fahrgäste ausgestiegen waren, wieder frei kam.

Kommen wir zum nächsten Hindernis: **Tunnel.**

Seit Norwegen und Montenegro sind uns Tunnel ein Gräuel. Oft waren es unbeleuchtete schwarze Löcher im Fels, ohne sichtbare Sicherheitseinrichtungen und das über mehrere Kilometer Länge. Dazu kam manchmal, ohne Vorwarnung, am Ende des Tunnels noch eine Fahrbahnschwelle, die das Geschirr im Schrank hüpfen ließ. Mehrfach befürchteten wir nach solchen „Hüpfern" einen Achsenbruch und mussten sämtliche Gegenstände, die lose in Regalen gestanden hatten, vom Fußboden einsammeln. Nicht selten ragten seitlich Felsen aus der Tunnelwand hervor, die wir erst in letzter Sekunde erkennen konnten. Das war bei einer Fahrzeughöhe von 3,20 m und einer Breite von 2,30 m besonders bei Gegenverkehr mit blendenden Scheinwerfern nicht ungefährlich. Seit dieser Zeit sind uns Tunnel auch dann verhasst, wenn sie sicherheitstechnisch vorbildlich ausgestattet und hell sind, so wie dies meist in den Alpen und Italien – zumindest oberflächlich betrachtet – der Fall ist. Nicht erst seit den verheerenden Bränden in diversen Alpentunneln bekommen wir beim Durchfahren derselben trotzdem ein mulmiges Gefühl.

Auf einen besonderen Tunnel in Norwegen möchte ich aber noch hinweisen, weil er in seiner Form einmalig ist. Es handelt sich um einen spiralförmigen (!!) Tunnel, der mit steilem Gefälle innerhalb eines Berges von den Voringfoss-Wasserfällen hinunter zum Eidfjord führt. Man kommt sich vor wie in einem überdimensionalen Parkhaus mit 20 Stockwerken. Aus meiner Sicht eine Meisterleistung der Ingenieure.

Ein weiteres interessantes Thema sind **Fähren.**

Ähnlich wie in einem Tunnel fühlen Sie sich, wenn Sie in den Bauch einer größeren Fähre einfahren. Alles geht extrem eng zu, und ist das Womo erst einmal zwischen den großen Trucks eingekeilt, kommen Sie sich völlig hilflos und winzig vor. Immer hofft man auf windstilles Wetter und darauf, dass die Bremsen der Trucks nicht versagen mögen.

Auf unserer Reise sammelten wir die unterschiedlichsten Erfahrungen mit Fähren. Von Kleinstfähren für wenige Fahrzeuge über größere Fähren bei schwerem Seegang bis hin zu völlig überfüllten, beengten Fähren über die Donau in Rumänien war alles dabei. Bei letzterer schien es niemanden zu stören, wenn die Fahrzeuge mit dem Heck über die Bordwand ragten.

Hoppel auf einer Fähre

Preislich waren wir gerade bei den Fähren in Norwegen gekniffen, denn die Preisstaffeln änderten sich ab 6 m Länge dramatisch und unser Fahrzeug hatte eine Länge von 6,60 m. Wir konnten dabei auch nicht schummeln, denn meist befanden sich vor den Anlegern Farbmarkierungen im Meterabstand auf dem Boden.

Angenehm war die Tatsache, dass längere Wartezeiten an manchen Fähranlegern durch eine gute Infrastruktur mit Grillplätzen und Toiletten leicht überbrückt werden konnten. Auch Angeln war an den Fähranlegern wegen der tiefen Fahrrinnen immer gut möglich. Oft bot sich während der Wartezeiten außerdem die Gelegenheit zum Erfahrungsaustausch mit anderen Womosapiens. Wir haben hierbei sehr interessante Menschen kennengelernt.

Unsere aufregendste Fährüberfahrt erlebten wir von Andenäs auf den Lofoten zum Festland hinüber. Starker Seegang mit einer Dünung von ca. 4-5 m brachte die Fähre heftig ins Schaukeln. Fatalerweise konnten wir von oben auf unser Womo, das neben einem Reisebus stand, schauen und beobachten, wie es immer hin und her schwankte, bedenklich nahe an dem Bus, der angekettet war – unser Hoppel aber nicht. „Hoffentlich verrutscht er nicht", dachten wir und waren heilfroh, als wir die schützende Bucht erreichten.

Mit Abstand eine der schönsten Fährüberfahrten hatten wir bei der Durchquerung des Geirangerfjords in Norwegen. Bei herrlichem Wetter sahen wir Regenbögen in der Gischt der „Sieben Schwestern"-Wasserfälle und wunderten uns über die Lage der Bauernhöfe an den steil aufragenden Berghängen rechts und links des Fjords. Postkartenidylle empfing uns am Ende des Fjords, wo drei große Kreuzfahrtschiffe zwischen den Berghängen in der Sonne weiß leuchteten.

Bei der Überfahrt von Whittier nach Valdez in Alaska verschlug uns der Anblick der Gletscher und Eisberge die Sprache. Das Eis leuchtete türkis und blau in der Sonne und auf manchen Eisbrocken sonnten sich Fischotter oder Seelöwen. Dazwischen kreuzten Orkas auf der Suche nach Beute. Toll! Zum Glück sind alle Spuren der Ölverschmutzung durch den verunglückten Tanker „Exon Valdez" inzwischen verschwunden.

Eine weitere nette Begebenheit mit einer Fähre erlebten wir in Argentinien. Wegen eines Erdrutsches war eine Fahrbahntrasse nicht befahrbar und wir mussten einen Umweg von 100 km in Kauf nehmen. Dieser endete plötzlich an einem ca. 100 m breiten Fluss. An einem Stahlseil erkannten wir, dass es eine Fähre geben muss. Nach knapp einer Stunde erreichte uns eine kleine Fähre, die von zwei Männern mithilfe einer Handkurbel angetrieben wurde. Sie freuten sich nicht nur über ein ordentliches Trinkgeld, sondern auch über die Tatsache, dass ich selbst mit Hand anlegte, um sie zu entlasten. Eine schweißtreibende Angelegenheit.

Eine Erfahrung müssen wir allerdings nicht wiederholen. Sie betrifft die Überfahrt von Bari nach Dubrovnik durch die Adria. Aus Kostengründen hatten wir auf die Buchung einer Kabine verzichtet und verbrachten die Nacht auf dem Oberdeck, da man sich während der Fahrt nicht im Wohnmobil, im Bauch des Schiffes, aufhalten darf. Die Nacht war so kühl, feucht und unbequem, dass wir fast gar nicht geschlafen haben.

Auch mit **Brücken und Unterführungen** hatten wir so manches Erlebnis.

War die Fahrt durch Norwegen schon wegen seiner vielen Fähren etwas Besonderes, so erst recht wegen der zahlreichen gewagten und riesigen Brückenkonstruktionen. Hoch in den Himmel aufragende, geschwungene und fjordüberspannende Konstruktionen konnten wir beim Überfahren bewundern. Vor mehreren großen Zugbrücken mussten wir warten, bis die Frachter oder Segelschiffe vorbeigezogen waren.

Ein spannendes Erlebnis war auch die Überquerung einer 800 m langen Brücke in Neuseeland, auf der sich Autos und Eisenbahn eine Fahrbahn teilten. Nicht zu vergessen die langen Brücken auf dem Weg von Dänemark nach Schweden.

Echte Hindernisse konnten zum Teil **Unterführungen** – meistens Eisenbahnunterführungen – sein. Nicht nur einmal mussten wir umkehren

Sehr lobenswert: Fußgängerampel mit Zeitangabe

und einen Umweg fahren, da wir plötzlich, ohne Ankündigung, vor einer Unterführung mit weniger als 3,20 m Durchfahrtshöhe standen.

In Europa ist bei Straßenbauplanern übrigens eine ansteckende, länderübergreifende Epidemie ausgebrochen: die Kreiselmanie.

Mancherorts mögen **Kreisverkehre** zur Verkehrsregelung und Verkehrsberuhigung ganz hilfreich sein. Wenn Sie aber alle 500 m auf einer Landstraße durch einen Kreisel müssen, hören der Spaß und die Sinnigkeit auf, zumal die Verkehrsregeln, speziell in mehrspurigen Kreiseln, nicht europaweit einheitlich festgelegt sind. In manchen Ländern hat das Fahrzeug auf der inneren Spur immer Vorfahrt, egal wohin der Fahrer will; in anderen Ländern das Fahrzeug auf der Außenspur. Da soll sich mal einer auskennen. Leider hat uns das Verwirrspiel in Rumänien in einen Unfall verwickelt und wir verbrachten einen „netten" Nachmittag auf der Polizeiwache, mit entsprechenden Sprachschwierigkeiten, viel Bürokratie und einem Alkoholtest. In Rumänien herrscht nämlich eine 0,0 ‰-Grenze –

was für uns natürlich kein Problem darstellte. Unter diesem Aspekt wunderten wir uns aber oft über die Lkw-Fahrer, die schon am frühen Vormittag an den Raststätten Bier oder Schnaps tranken.

Es ist auf jeden Fall immer von Vorteil, wenn Sie sich schon vor der Einreise in ein Land nach der örtlichen Verkehrs- und Rechtsordnung erkundigen. Zumindest über die Geschwindigkeitsbeschränkungen können Sie sich z. B. anhand der Schilder an den Grenzübergängen gut informieren.

Sie könnten den Eindruck gewinnen, dass in Rumänien und Bulgarien bezüglich der Straßen alles schlecht gewesen ist. Das ist nicht der Fall. Wir haben dort an Kreuzungen auch etwas sehr Sinnvolles gesehen: **Ampeln mit Zeitangaben**. In großen, leuchtenden Lettern wird Fußgängern und Autofahrern angezeigt, wie lange die entsprechende Ampel noch auf Rot oder Grün geschaltet ist. Es macht die Wartezeit an der roten Ampel wesentlich angenehmer, wenn Sie wissen, wie lange es noch dauert. Bei grünen Ampeln verhindert diese Technik sicher die ein oder andere Vollbremsung.

Bei dieser Gelegenheit möchte ich auf ein umfangreiches Geschenkpaket aufmerksam machen, das die EU den neuen Mitgliedsstaaten gemacht hat: **Radarpistolen**. So viele mobile Radarpistolen im Einsatz wie in den osteuropäischen Staaten haben wir vorher noch nie gesehen.

Kein echtes Hindernis stellten die vielen **Grenzübertritte** in Europa dar. Nur im Baltikum, in Polen, Kroatien, Bosnien und in Montenegro wurden unsere Papiere kontrolliert, inklusive der Fahrzeugpapiere. Gut so, das Womo hätte ja auch gestohlen sein können. Nie wurden wir auf Schmuggelware durchsucht, und wenn einmal ein Zöllner ins Fahrzeuginnere schauen wollte, dann nur, um sich einmal ein Wohnmobil dieser Art von innen ansehen zu können. Beim Grenzübertritt von Montenegro nach Bosnien hatten wir gleich drei Zöllner „zu Besuch", die sich dann auch noch mit voller Bewaffnung haben fotografieren lassen. Immer waren die Zöllner, die wir erlebten, freundliche und höfliche Menschen.

Unbeschreiblich waren allerdings zum Teil die Grenzübertritte in Süd- und Nordamerika. Sechsmal überquerten wir die Grenze zwischen Argentinien und Chile in beide Richtungen, dreimal davon in großer Höhe in den Anden. Der bürokratische Aufwand war jedes Mal enorm, besonders wegen des gemieteten Fahrzeugs. Auf unseren speziellen Formularen befanden sich zum Schluss 48 Stempel.

Bei jeder Ausreise hieß es zunächst aussteigen und den richtigen ersten Schalter im Zollgebäude finden, denn meist handelte es sich um drei verschiedene Schalter für Reisepass, Fahrzeugpapiere und Zollerklärung. Natürlich fast immer mit entsprechenden Warteschlangen. Zum Nachweis, dass unser Fahrzeug nicht gestohlen war, verlangte man mehrmals den Mietvertrag als Beweis. Einmal hatten wir Streit mit einem Zöllner, denn er wollte unbedingt das Original unseres Carnets mit den vielen Stempeln behalten. Selbst eine beglaubigte Kopie mit Stempel war ihm nicht gut genug. Erst ein Telefonat mit unserem Vermieter in Buenos Aires und ein Gespräch mit seinem Vorgesetzten brachten ihn zum Einlenken. Er hat laut hinter uns her geschimpft, und das auf 4.300 m Höhe.

Nach Durchquerung des Niemandslandes ging die Prozedur bei der Einreise ins Nachbarland von vorne los. Diesmal allerdings mit zusätzlicher Durchsuchung des Fahrzeugs mit Spürhunden. Nicht etwa, dass man nur nach Drogen gesucht hätte, nein, weit gefehlt, besonders frische Lebensmittel waren die Ursache der Schnüffelei. Die Einfuhr jeglicher frischer Lebensmittel ist untersagt. Uns hat man außer einer frischen Paprikaschote sogar eine geöffnete Tüte getrockneter Aprikosen abgenommen. Wir erlebten andere Womosapiens, die vor der Grenze standen und Eier kochten, Würstchen anbrieten etc., denn gegart stellen diese kein Problem mehr dar. Beim Grenzübertritt von Argentinien nach Chile nahmen wir einmal zwei junge Frauen mit Rucksack mit über die Grenze. Beide mussten ihre kompletten Rucksäcke auspacken und die geöffneten Packungen mit Käse und Wurst zurücklassen. Wenn man keinerlei Vorräte mitnehmen darf und es nach dem Grenzübertritt wegen großer Entfernungen keine Gelegenheit zum Einkaufen gibt, kann dies leicht zu Problemen und Magenknurren führen.

Auch der Grenzübertritt zwischen Kanada und Alaska ist bezüglich der Einfuhr von frischen Nahrungsmitteln kritisch. Nur den Einsatz von Spürhunden haben wir dort nicht erlebt. Dafür werden von jedem Reisenden digitale Fotos geschossen und die Fingerabdrücke gescannt. „Big brother is watching you", selbst in der einsamsten Wildnis zwischen Nordwest-Kanada und Alaska.

Autofahrer

Noch ein Wort zu den europäischen Autofahrern. So unterschiedlich die Straßenverhältnisse in Europa sind, so unterschiedlich sind auch Verhalten und Temperament der Autofahrer. Hierbei scheint es mir ein Nord-Süd- und ein West-Ost-Gefälle zu geben. Sind die Autofahrer in Skandinavien eher bedächtig, zurückhaltend und rücksichtsvoll, kann man das von italienischen, polnischen und rumänischen Fahrern nicht behaupten.

In Italien erzwingen sich z. B. viele die Vorfahrt, indem sie, aus einer Seitenstraße kommend, schon einmal zur Hälfte auf die Hauptstraße hinausfahren. Für die vielen Motorroller dort scheinen keinerlei Verkehrsregeln zu gelten. Wenn Sie Ihre Augen nicht überall haben, ist schnell ein Kratzer im Auto oder Schlimmeres geschehen. Denn die Rollerfahrer überholen und fahren, wo und wie schnell sie wollen und können. Vor allem an Ampeln ist hier Vorsicht geboten. Kritisch wird es auch dann, wenn Sie z. B. wegen der in Osteuropa noch häufig vorkommenden Oberleitungsbusse nicht ausweichen können.

Das Parken in der 2. oder 3. Reihe mit Warnblinkanlage ist sowohl in Spanien und Italien als auch in den Ländern des Balkans sehr verbreitet.

Geschwindigkeitsbeschränkungen interessieren die Verkehrsteilnehmer in diesen Ländern auch nicht. In Polen und Rumänien sind viele Fahrer lebensmüde und überholen sogar vor Bergkuppen, unübersichtlichen Kurven, auf schmalen engen Alleen voller Schlaglöcher oder bei Gegenverkehr. Überholverbotsschilder oder durchgezogene Linien scheinen keine Gültigkeit zu haben. Wahrscheinlich vertrauen alle auf den Segen, den sie sich und den Autos in den Bukovinaklöstern in den Nordkarpaten haben geben lassen. Wir hätten jedenfalls in manchen Situationen am liebsten die Augen geschlossen. Unser Adrenalinspiegel stieg so manches Mal gewaltig in die Höhe angesichts der wenigen Zentimeter Luft zwischen den Bäumen und Fahrzeugen.

Am unangenehmsten war es aber, wenn innerhalb einer Ortschaft ein 40-t-Lkw wild hupend 5 m hinter uns herfuhr, weil er meinte, dass 60 km/h zu langsam seien. Dies haben wir, gerade in Rumänien, häufiger erlebt und sind dann meist erst einmal rechts rangefahren, um die Verrückten vorbeizulassen.

Insgesamt sind nirgendwo in ganz Europa Autofahrer und auch Fußgänger so rücksichtslos gewesen wie in Rumänien und Polen. Dagegen war das Fahren in Ungarn, im Baltikum oder in Spanien direkt erholsam.

Auch das Verhalten von Womosapiens am Steuer ihrer Wohnmobile unterscheidet sich je nach Herkunftsland. Begrüßen sich deutsche, französische, holländische und spanische Wohnmobilisten während der Fahrt mit freundlichem Winken, so haben wir dies bei Italienern oder Norwegern eher selten erlebt.

Natur

Ein weiteres Motiv, eine Wohnmobilreise zu unternehmen, ist natürlich, die unterschiedlichsten Landschaften kennenzulernen. Beim Reisen mit dem Wohnmobil sind Sie der Natur ein Stück näher. Die großen Panoramascheiben und die erhöhte Sitzposition im Cockpit bieten wesentliche Vorteile. Sie haben einen schönen Blick nach unten in die Täler ebenso wie nach oben auf die Berggipfel.

Bei all unseren Womo-Reisen mit mehr als 150.000 km durch die Welt lernten wir natürlich die unterschiedlichsten Landschaften kennen. Oft wurden wir gefragt: „Wo hat es euch denn am besten gefallen?" Eine Frage, die sich nicht beantworten lässt. Denn jede Landschaft, jede Stadt und jedes Dorf hat seine eigenen Reize. Sie müssen sie nur erkennen.

Landschaften

Am spektakulärsten in Europa waren die **Berglandschaften** in Norwegen, den Alpen, den Pyrenäen, den Karpaten und der Hohen Tatra und die Gebirgszüge im ehemaligen Jugoslawien. Vor allem die eng eingeschnittenen Fjorde mit den steil aufragenden Felswänden und die in der Sonne türkisgrün leuchtenden Gletscher haben uns sehr beeindruckt. Hierbei sind die Lofoten besonders hervorzuheben. Obwohl wir dort kein schönes Wetter hatten, wirkten die steil emporragenden, grün bewachsenen Hänge sehr mystisch. Außer in Namibia bestaunten wir nirgendwo so interessante Farbenspiele am Himmel und auf den Bergen. Zusammen mit dem Leuchten der rot-weißen, sonnenbeschienenen Häuser, die auf Stelzen in den verschwiegenen Buchten stehen, wirkte das Ganze eher wie ein Gemälde als wie echte Natur.

Ist die Gebirgslandschaft in Norwegen mit ihren reißenden, klaren Flüssen und den vielen Wasserfällen als spektakulär zu bezeichnen, so macht die schwedische Landschaft mit ihren Hügeln, Blumenwiesen und den Schären eher einen lieblichen Eindruck auf den Betrachter. Ausgedehnte Wälder und sanfte Hügel, zwischen denen viele einsame Seen liegen, sind zusammen mit der dünnen Besiedelung Balsam für die Seele. Das geringe Verkehrsaufkommen auf dem Land macht das Fahren trotz der vielen Schotterstraßen zum Vergnügen. Hier kann man Abstand von der Hektik des Lebens in Deutschland gewinnen. Wären die Sommer länger und die Winter kürzer und nicht so kalt, könnten wir uns ein Leben in Schweden gut vorstellen.

Beeindruckend war auch die Weite und Einsamkeit Lapplands, egal ob auf der norwegischen, schwedischen oder finnischen Seite.

"Hoppel" in Norwegen

Ausgedehnte Wälder und Seen und viele nicht enden wollende, gerade Straßen sind typisch für die Landschaft in Zentral-Finnland. Nur schade, dass man von den Seen nichts zu Gesicht bekommt. Meist sind sie von dichten Wäldern verdeckt und die wenigen Zugänge, die es gibt, sind in Privatbesitz. Kaum ein Berg unterbricht die monotone Landschaft.

Um Finnland kennenzulernen, müssen Sie nicht unbedingt alle Teile des Landes bereisen. Unter dem Motto „weniger ist mehr" macht es hier Sinn, sich lieber an wenigen Orten länger aufzuhalten und die Natur der Umgebung zu erleben, statt eintönige Straßen zu befahren. Die Infrastruktur für Wohnmobile ist im ganzen Land sehr gut. Häufig finden Sie Schutz- und Grillhütten, die, wie in ganz Skandinavien, nach dem Jedermannsrecht genutzt werden können. Oft werden die Hütten auch von Einheimischen besucht. Dadurch bieten sich immer wieder Gelegenheiten, sich mit diesen, soweit sprachlich möglich, zu „unterhalten".

Landschaftliches Highlight der drei Baltikumstaaten sind sicher die unendlich langen **Ostseestrände**. Hier können Sie stundenlange Wanderungen unternehmen oder nach Bernstein suchen. Herrlich ist es, bei Sonnenuntergang unter den teilweise im Baltikum zu findenden roten Sandsteinfelsen zu sitzen und über den Strand nach Westen auf die Ostsee hinaus zu schauen.

Fast überall im Baltikum gibt es eine Vielzahl kleiner, privat betriebener Campingplätze, die mit einer traditionellen Holzsauna ausgestattet sind, in der Sie entspannt den Abend ausklingen lassen können. Allerdings ist bei den alten Öfen Vorsicht geboten. Ich habe mir in einer alten Sauna in Estland bei einem Aufguss die Nase, Lippen und Augenlider verbrüht. Zum Glück stand eine alte Zinkwanne mit kaltem Wasser bereit, in die ich schnell meinen Kopf zur Kühlung stecken konnte. Die Brandblasen, die ich nachher auf der Lippe hatte, haben beim Essen ganz schön gestört – aber ich wollte sowieso abnehmen.

Anders als an der finnischen **Seenplatte** bekommen Sie in den polnischen Masuren die Seen leicht zu Gesicht. Keine dichten Nadelwälder, sondern meist Eichenwälder überziehen die Landschaft wie ein Flickenteppich und geben immer wieder den Blick auf die schilfgesäumten Seen mit ihrer üppigen Vogelwelt frei.

Prägen in den Tiefebenen die natürlichen Gewässer das Landschaftsbild, so sind es in den Gebirgsregionen häufig die Stauseen, tief eingebettet zwischen den Bergen. In Montenegro und in den Karpaten sind wir an wunderschönen **Stauseen** entlanggefahren und in Spanien und Portugal hatten wir oft die Gelegenheit, direkt an den Gewässern zu übernachten.

Einen Höhepunkt unserer Reise stellten sicher die Plitwitzer Seen in Kroatien dar. Das smaragdgrüne Leuchten des Wassers in der Sonne und die schillernden Farben der Regenbögen in der Gischt der Wasserfälle sind uns unvergesslich geblieben. Apropos Gischt: In der Gischt eines **Wasserfalls** im Milford Sound auf der Südinsel Neuseelands wurde unsere Kamera feucht und dadurch unbrauchbar. Hier ist also Vorsicht geboten. Duschen sollte man besser daheim und ohne Fotoapparat.

Generell haben uns die vielen Wasserfälle immer begeistert, ob es die Sieben Schwestern im Geiranger Fjord, die Krka-Fälle in Kroatien oder der Cascada de Marmore in Italien waren. Letzterer fließt interessanterweise nicht den ganzen Tag, sondern nur wenige Stunden pro Tag – immer dann, wenn die Wassermenge ausreicht und die Schleusen des darüberliegenden Stausees geöffnet werden.

Mit dem Öffnen von Stauseeschleusen mussten wir auch am Guadalquivir in Spanien Erfahrungen sammeln. Wir standen zwei Nächte direkt am Ufer des Flusses auf einem Grillplatz, als am Nachmittag des zweiten Tages plötzlich der Wasserspiegel innerhalb von wenigen Minuten um mehr als einen Meter stieg. Wir hatten keine ruhige Minute mehr und prüften jede halbe Stunde den Wasserstand, da wir nicht sicher waren, ob der ganze Platz noch überflutet wird. Selbst in der Nacht beobachteten wir die Lage vorsichtshalber sehr genau.

Dieser Erfahrung entsprechend ist es auch nicht ratsam, in einem der ausgetrockneten Flussbetten zu übernachten, von denen es gerade in Spanien viele gibt. Sie wissen vorher nie, ob es in den Bergen einmal regnet oder eine Schleuse geöffnet wird, und könnten leicht nasse Füße bekommen.

Egal ob in den Bergen oder im Flachland, immer wenn wir uns nicht an der Küste befanden, hat es uns zum Übernachten an einen See oder Fluss gezogen. Warum dies so war, wissen wir nicht genau. Wahrscheinlich hofften wir, hier eine schöne Aussicht zu finden und eventuell angeln zu können. In jedem Fall war es hier interessanter als an Plätzen ohne Gewässer, denn immer gab es irgendetwas zu beobachten, z. B. Boote, andere Angler, Badegäste oder Vögel. Irgendwie war es am Wasser außerdem gemütlicher und das Angebot an geeigneten Stellplätzen größer. Vielleicht lag es aber auch nur an Uschis und meinem gemeinsamen Sternzeichen: Wassermann.

Obwohl wir keine Wassersportler sind, bevorzugten wir außerdem Routen, die an der Küste entlangführten, wobei wir alle Formen von felsigen **Steilküsten** immer interessanter fanden als flache Sandstrände. Neben der Küstenlandschaft Norwegens und der Schärenküste Schwedens zählen für uns die Süd- und Westküste Portugals, die Côte d'Azur, die Ligurische Küste und die Südostküste Apuliens zu den schönsten. Fast immer sind es die Kaps, die mit den höchsten Steilküsten versehen sind, sei es am Atlantik, Mittelmeer oder am Schwarzen Meer. Wenn ich an den Angler denke, der bei Sagres in Portugal, am südwestlichsten Zipfel Europas, aus 140 m Höhe völlig ungesichert geangelt hat, wird mir heute noch schwindelig.

Fast an jedem Kap finden Sie eine alte Festungsanlage und meist auch einen Leuchtturm. Mit Leuchttürmen verbinde ich heute immer die Erinnerung an stürmischen Wind, aber auch an herrliche Aussichten und schöne Stellplätze. So z. B. an der Algarve bei Cavoeiro, wo wir mehrere Tage auf den Klippen am Leuchtturm standen und einen herrlichen Blick auf das blau leuchtende Meer genossen. Hier war es auch, wo ein Konvoi „Tauben" mit fünf Fahrzeugen spät abends lautstark ein Plätzchen suchte und im Morgengrauen schon wieder verschwunden war. Ein typisches Verhalten der Tauben.

Eine Küstenlandschaft wird allerdings nicht unbedingt zu unseren Favoriten zählen: die spanische Mittelmeerküste. Zugepflastert mit Betonburgen und Hochhäusern, die im Sommer völlig überfüllt sind und im Winter zu verlassenen Geisterstätten verkommen, ist dieser Küstenstreifen ein abschreckendes Beispiel für den Massentourismus. An diesem Urteil ändern auch die feinsandigen, sauberen Strände nichts. Allerdings gibt es auch einige „Oasen" inmitten der mondänen Badeorte an der Costa Blanca, die ihre Ruhe und Beschaulichkeit bewahrt haben.

Leider begeht man zurzeit an der rumänischen und bulgarischen Schwarzmeerküste den gleichen Fehler. Ich frage mich wirklich, woher die

Gelder für die wahrscheinlich völlig unsinnigen Hotelprojekte stammen. Schon heute stehen unzählige Bauruinen in der Landschaft und es ist absehbar, dass viele der neuen Hotels ebenfalls nie Erträge erwirtschaften werden.

Immer ein Erlebnis war es für uns, einem Flusslauf zu folgen, zum Beispiel im Duro-Tal in Portugal, das ein wenig mit dem Mosel-Tal in Deutschland vergleichbar ist. Nicht zu vergessen der Oberlauf des Ebro in Spanien, der sich ebenso durch die Berge zwängt wie die Donau durch die Karpaten.

Gestaunt haben wir über die Hochwassermarkierungen in so manchen Orten wie z. B. Prag, wo die Moldau 2002 bis zu den höheren Stockwerken reichte.

In den Deltas von Donau, Rhône und Ebro haben wir den Vogelreichtum bewundert.

Wenn ich schon über Flüsse schreibe, darf ich aber auch einige **Kanäle** nicht vergessen, an denen wir wunderschöne und ruhige Stellplätze fanden. Hierbei sind der Telemarkkanal in Südnorwegen und der Götakanal in Südschweden hervorzuheben. Diese Kanäle sind für Womosapiens besonders

Stellplatz mit Blick aufs Wasser an einem Fjord in Norwegen

attraktiv, weil es an ihren Ufern, meist an Schleusen, Gästehäfen gibt, die über eine gute Infrastruktur verfügen, so z. B. über schöne Feuerstellen mit höhenverstellbaren Grillrosten, Feuerholz und manchmal sogar Duschen.

Es ist erholsam, auf einer Blumenwiese neben der Schleuse zu sitzen und die freundlich winkenden Freizeitkapitäne beim manuellen Öffnen und Schließen der Schleusentore zu beobachten. Irgendwie mutet es archaisch an, wenn die Skipper wie Sklaven an den Drehmechanismen der Tore drehen.

Sie dürfen sich allerdings nicht wundern, wenn Sie morgens plötzlich von vielen Autos und unzähligen, zum Schutz vor Stechmücken vermummten Menschen umringt sind. Es handelt sich dabei dann sicher um eine Gruppe Angler, die an einem Angelwettbewerb teilnimmt.

Mir fällt noch eine nette Episode von einem Gästehafen am Vänernsee in Schweden ein: Ein Hafenwart hatte uns erlaubt, eine Nacht auf seinem Gelände zu stehen und seinen Grill zu benutzen. Am nächsten Morgen, wir hatten die Morgenroutine gerade beendet, klopfte er an der Tür. In der linken Hand hielt er hoch erhoben einen Schlüsselbund und mit der rechten deutete er eine Waschbewegung in der linken Achselhöhle an. Das Ganze begleitete er mit den Worten „Dusch, Dusch" und wollte uns damit sagen, dass er für uns die Duschanlage aufschließt. Einer von vielen sehr freundlichen Menschen, die wir getroffen haben.

Ähnlich gut wie die Hügellandschaft Schwedens haben uns die Mittelgebirge in der Slowakei und Tschechien gefallen. Besonders für Freunde des Wandersports sind die Niedere Tatra (Slowakisches Paradies) und das Böhmische Paradies geeignet. Wenn auch landschaftlich völlig anders geartet, gilt dies genauso für die Mittelgebirge in Nordspanien und Portugal. Viele Tausend Pilger werden das bestätigen können, denn auch der Jakobsweg nach Santiago de Compostela führt durch Nordspanien. Lange Strecken verläuft der Weg parallel zur Straße und Sie können den vielen Pilgern zuwinken.

Nicht zu vergessen sind natürlich die wunderschönen deutschen Mittelgebirge, die ebenfalls zum Wandern einladen.

Ein Erlebnis der besonderen Art ist es, in die Unterwelt hinabzusteigen. Überall, wo es Berge gibt, finden Sie nämlich auch interessante Höhlen vor. Einige von ihnen haben wir „erkundet", in Tschechien und Neuseeland sogar mit dem Boot. Gerade die Höhle in Neuseeland hat uns begeistert, denn sie war von Tausenden grün leuchtender Glühwürmchen bevölkert. Besonders schön sind aber auch Tropfsteinhöhlen.

Außer der Kulisse der Gebirgslandschaften der Anden und der Rocky Mountains mit majestätisch aufragenden, 6.000 m hohen schneebedeckten Bergen und Vulkanen begeisterten uns die vielen Gletscher: kilometerlange, oft blau leuchtende Flüsse aus Jahrtausende altem Eis, die sich durch Gebirgstäler schlängeln, um dann mit lautem Getöse in Seen oder ins Meer zu „kalben". Winzig sahen die Ausflugsboote aus, die sich in Argentinien der 60 m hohen Abrisskante des Perito-Moreno-Gletschers näherten. Geduldig warteten wir, bis die nächste Eissäule lautstark ins Wasser krachte und eine meterhohe Flutwelle erzeugte. Angesichts dieser Naturgewalten wird man sich bewusst, wie winzig und verletzlich man als Mensch ist. Leider wurde aber auch deutlich, wie schnell sich die Gletscher zurückziehen und kleiner werden.

Perito-Moreno-Gletscher

Waren wir früher ausschließlich Fans des immergrünen tropischen Regenwaldes, lernten wir mit der Zeit auch den Reiz der Wüsten zu schätzen, sei es die Namib in Namibia, die Gobi in der Mongolei, die Wüste Thar in Indien oder die Atacamawüste in Chile. Besonders die Stille, der leuchtende Sternenhimmel und das Farbenspiel der unterschiedlichen Mineralien im Sand und Gestein in der Nachmittagssonne werden für uns unvergesslich bleiben.

Flora

Wenn man um die Bedeutung des Waldes für den Sauerstoffgehalt der Atmosphäre weiß, erfreut man sich besonders an den vielen Wäldern, die es in Europa trotz der riesigen landwirtschaftlich genutzten Flächen noch gibt. Vor allem die zusammenhängenden Waldgebiete in Finnland, im Baltikum und in den Karpaten haben es uns angetan.

Schön ist auch, dass in den östlichen Gebieten Europas noch so viele Alleen erhalten geblieben sind, wenngleich das Befahren mit dem Wohnmobil manchmal recht heikel war.

Bäume sind etwas Fantastisches (nicht nur, weil sie Holz für Lagerfeuer liefern). Der Zyklus der Jahreszeiten, den man bei Laubbäumen beobachten kann, ist für uns immer ein Wunder. Die ersten grün sprießenden Blättchen im Frühling, die bunt in der Sonne leuchtenden Blätter im Herbst … Wir standen in den Wäldern Osteuropas vor so mancher uralten Eiche oder Linde und haben überlegt, was dieser Baum wohl alles erlebt hat.

Ein Gefühl von Winzigkeit überkam uns im Schatten eines riesigen Kauribaumes in Neuseeland oder eines Baobab mit 12 m Stamm-Durchmesser in Südafrika. Und diese Bäume sind noch klein neben den Urwaldriesen mit 120 m Höhe und Brettwurzeln in der Größe eines Hauses, die wir auf unseren Tropenreisen gesehen haben!

Nicht nur die erholsame frische Luft in den Wäldern ist angenehm, sondern auch, dass Sie Ihre Freizeit dort mit dem Sammeln von Pilzen oder Beeren verbringen können. Uns haben es dabei die „Tüttebeeren" und „Moltebeeren" in Skandinavien besonders angetan. Auch die größten und schönsten Steinpilze fanden wir dort. Daher waren wir immer mit einem Stellplatz zufrieden, der sich in Waldesnähe befand.

So schön Bäume auch sind, einen Nachteil haben sie allerdings: Sie können Dreck verursachen. Pinien z. B. verbreiten im Frühjahr unglaublich viel gelben Blütenstaub, ähnlich wie Raps. Ständig müssen Sie Staub wischen, denn er geht durch jede Ritze.

Die Pinienwälder im Mittelmeerraum haben gegenüber den Laubwäldern außerdem noch einen entscheidenden Nachteil: Sie brennen viel schneller. Jeder, der wie wir einmal gesehen hat, wie eine Pinie fast explosionsartig in Flammen aufgeht, wird zukünftig doppelt so vorsichtig im Umgang mit Feuer sein. Es war schon deprimierend, in Portugal die vielen Quadratkilometer verbrannten Waldes zu durchfahren. Es wird Jahre dauern, bis sich die Natur erholt hat.

Dabei sind es oft gerade die Bäume, die eine Landschaft einzigartig machen. Was wäre die Toskana ohne die typischen Zypressen und was die Karpaten ohne dunkle Nadelwälder? Die Steppe Namibias würde ohne Schirmakazien oder Flaschenbäume ihren Reiz verlieren, die Iberische Halbinsel hätte ohne Oliven- und Zitronenplantagen oder ohne Korkeichenwälder nur halb so viel Charme. Uferpromenaden ohne Palmen sind in diesen Ländern kaum vorstellbar.

Diese Aufzählung lässt sich mit landwirtschaftlich genutzten Pflanzen fortsetzen. Sind es nicht die Lavendelfelder, die die Provence so einmalig machen, oder die riesigen Sonnenblumenfelder in Ungarn und Rumänien? Ganz zu schweigen von den vielen Weinanbaugebieten, die gerade die Flusstäler häufig prägen. Beeindruckend auch die riesigen Maisfelder auf dem gesamten Balkan.

Witzig empfanden wir die Tatsache, dass Sonnenblumen immer nach Osten „geschaut" haben und sich hartnäckig dem Fotografieren von vorn widersetzten.

Nicht mehr lustig finden wir dagegen die Paprika-, Tomaten- und Erdbeerfelder in Südspanien, denn die sind allesamt unter Plastikfolien versteckt. Gewächshäuser und Folien soweit das Auge reicht – eine Zerstörung der natürlichen Landschaft mit gigantischen Ausmaßen.

Wunderschön anzuschauen sind wiederum die großen, bunten Blumenwiesen mit Margeriten und Lupinen in Schweden oder die kilometerlangen blühenden Oleanderhecken an den Autobahnen Siziliens. Ein Hauch von

Frühling weht einem Womosapiens entgegen, wenn er im Februar durch die blühenden Mandelplantagen in Spanien fährt.

Bei einer längeren Reise durch Europa ist es gerade dann interessant, die Natur zu beobachten, wenn Sie erst dem Frühling und Sommer nach Norden folgen und später nach Süden vor dem Herbst und Winter fliehen. Sie folgen den blühenden Blumen und Bäumen und können den Reifeprozess der Früchte gleich mehrmals beobachten.

Fauna

Ich bin überzeugt, sollte die Erde einmal durch Atombomben, Meteoriteneinschläge, Klimawandel oder Umweltzerstörung zugrunde gehen, eine Tierart wird es auch dann noch geben: **Ameisen**. Gerade habe ich im Fernsehen gelernt, dass es 12.000 Arten von Ameisen gibt. Ich habe das Gefühl, dass wir auf unserer Reise fast alle kennengelernt haben. Prinzipiell sind wir gegen die Verwendung von Gift, aber um der Ameisenplage Herr zu werden, griffen wir das ein oder andere Mal doch zur chemischen Keule. Nichts ist unangenehmer, als im Freien zu frühstücken oder zu Abend zu

Fahrbarer Bienenstock

essen und dann zu bemerken, wie die Viecher an den Beinen oder am Tischbein hochkrabbeln und sich über die Leckereien hermachen. Außerdem sind sie, wie wir, Sonnenkinder. Sie bekommen sie nur bei schönem Wetter und höheren Temperaturen zu Gesicht.

Es ist fast selbstverständlich, dass man bei so viel Nähe zur Natur generell mit dem Thema Insekten konfrontiert wird. Dabei spielen im Leben eines Womosapiens nicht nur die stechenden Insekten eine Rolle, wenngleich diese am unangenehmsten sind.

Das Thema Stechmücken hatte ich schon angesprochen (☞ Abendgestaltung), bleiben noch die Wespen und Bienen. Mehrfach mussten wir entsprechende Stiche behandeln. In Polen sind wir z. B. auf einem Campingplatz von einem Schwarm Hornissen überfallen worden, die sich wohl durch unsere Anwesenheit gestört fühlten.

In Südosteuropa wimmelt es generell von Bienen, denn sie werden in fahrbaren Bienenstöcken immer dahin transportiert, wo gerade die meisten Blüten sind.

Die gemeine **Stubenfliege** kann aber ebenfalls ganz schön lästig werden. Mehrfach mussten wir bei hohen Außentemperaturen einen regelrechten Feldzug gegen die Fliegen unternehmen. Trotz geschlossener Fliegengitter und geschlossenem Fliegenvorhang an der Tür war die Decke des Womos schwarz von Fliegen. Wo waren die nur alle hereingekommen? Hatten sie sich im Womo so schnell vermehrt?

Mücken und Fliegen suchen immer die Wärme. So war einmal in Finnland die weiße Außenhaut unseres Hoppels in der Abendsonne schwarz übersät mit Tausenden von

Mit Mücken übersäter Hoppel

Mücken. Interessanterweise zeigte sich Alaska diesbezüglich besser als sein Ruf. Wir wissen nicht, ob es an der Witterung lag oder ob das Gerücht, man würde in Alaska im Sommer von Mücken aufgefressen, nicht der Wahrheit entspricht. Jedenfalls wurden wir dort kaum belästigt.

An der Südwestküste Neuseelands beging ich den Fehler, in der Abenddämmerung mit kurzen Ärmeln einen Fisch auszunehmen. Meine Unterarme hatten anschließend über hundert Stiche von **Sandfliegen** aufzuweisen. Es hat so stark gejuckt, dass mir ein freundlicher Apotheker mit einer Kortisonsalbe helfen musste, sonst hätte ich mich nachts selbst zerfleischt.

Aber auch einzelne Fliegen können sehr lästig sein, nämlich wenn sie während der Fahrt um den Kopf des Fahrers schwirren oder an den Beinen kitzeln. Daher hatten wir jeweils rechts und links der beiden Cockpitsitze mit Klettband eine Fliegenklatsche in Reichweite befestigt. Dummerweise sind die Fliegen oft nach hinten ins Schlafzimmer entschwunden, sobald wir eine der Klatschen in die Hand genommen hatten.

Am lästigsten, weil schwer zu entfernen, waren alle Insekten außen auf der Windschutzscheibe und Motorhaube. Zum Glück konnten die aber wenigstens nicht mehr stechen.

Auch an die Anwesenheit von Spinnen muss man sich in der Natur gewöhnen.

Das größte Insekt sahen wir in Córdoba/Spanien: eine ca. 15 cm große **Heuschrecke**, die neben uns an einem Baumstamm saß.

Wir machten auch die Erfahrung, dass gelbe Kleidung sehr anziehend auf Insekten wirkt. Sie sollten diese also in der Natur meiden. Auf **Schmetterlinge** wirkt gelbe Kleidung allerdings nicht anziehend – leider, denn es ist zu schön, den bunten Faltern bei ihrem Hochzeitstanz in der Luft über einer bunten Blumenwiese zu beobachten. Auch Motten werden von gelbem Licht weniger angelockt als durch bläuliches.

Obwohl man in den osteuropäischen Ländern noch nicht den westlichen Standard in Sachen Umweltschutz erreicht hat, habe ich das Gefühl, dass die Natur dort noch wesentlich intakter ist als im Westen. Hier entdeckten wir nämlich Insekten und Reptilien, die ich nur noch aus meiner Kindheit kannte, z. B. Hirschkäfer oder banale Maikäfer. Selbst eine **Kreuzotter** konnten wir in der Slowakei beobachten.

Kommen wir zu „größeren" Tieren, den **Mäusen**. Putzige kleine Tierchen, solange sie da bleiben, wo sie hingehören, nämlich in der Natur, in ihren Löchern. Unangenehm war es, wenn sie beim Holzsammeln über die

Frühstücksgäste in Namibia

Hände liefen oder wenn sie sich gar, wie wir es leider erleben mussten, im Womo vermehrten. Nur der liebe Gott weiß, wie sie in den Wohnraum und die Schränke gelangen konnten. Es machte viel Mühe, die geruchsintensiven Spuren in allen Ecken zu beseitigen. Eines haben wir dadurch gelernt: Lasse niemals irgendwelche Lebensmittel zugänglich in Stauräumen oder Schränken zurück, wenn das Womo einmal einige Zeit nicht benutzt wird. In unserem Fall waren es Mehl und Brotbackmischungen (verschlossene Originalpackungen), die anscheinend sehr verlockend auf die Mäuse gewirkt haben.

Sie gehören zwar nicht zur wilden, natürlichen Fauna Europas, trotzdem müssen auch sie zum Thema werden: **Hunde**.

In keinem anderen Land haben wir so viele verwilderte Hunde gesehen wie in Rumänien. In Spanien gab es zwar auch vereinzelte, aber in Rumänien verging kein Tag, an dem wir nicht abgemagerte, Müll zerwühlende Hunde beobachten mussten. Manchmal haben mehrere im Halbkreis unser Womo umzingelt und darauf gewartet, etwas von dem leckeren Abendessen zu erhaschen. Also, immer schön aufpassen, sonst ist womöglich das leckere Grillsteak verschwunden. Wir hatten allerdings nie das Gefühl, dass die Tiere gefährlich werden oder gar angreifen könnten.

Lustiger waren trotzdem die „Tiere" hinter den Windschutzscheiben vieler Wohnmobile, denn die meisten Womosapiens sammeln **Plüschtiere**, die dann aufgereiht auf dem Armaturenbrett ihr Dasein fristen. Allerdings sahen wir auch schon lebende Katzen oder Hunde während der Fahrt auf diesem Platz sitzen.

An dieser Stelle möchte ich noch einmal auf die Hunde der Womosapiens zurückkommen. Es ist wirklich auffallend, wie viele der Kraniche einen oder mehrere Hunde dabeihaben. Meist sind es kleinere Arten, die häufig schlecht erzogen sind. Ständig kläffen sie in der Gegend herum und meinen, „ihr" Revier verteidigen zu müssen, besonders dann, wenn sie vor dem Womo angebunden sind. Dagegen sind die größeren Hunde meist sehr ruhig und friedliebend. Allerdings fragten wir uns manches Mal, wie es in einem kleinen Womo zugehen muss, in dem eine vierköpfige Familie mit zwei großen Hunden Urlaub macht.

Hätte der Ziegenhirte in Kroatien einen Hund dabeigehabt, wahrscheinlich wäre unser Hoppel dann ohne die Kratzer auf der Haube davongekommen. Die **Ziegen** hatten sich dort abgestützt, um an die saftigen Blätter des Baumes vor der Windschutzscheibe zu kommen. Wir schauten recht überrascht, als wir frühmorgens vom Kratzgeräusch der Hufe geweckt wurden und das Rollo aufschoben.

Der lange Aufenthalt in der Natur bringt es natürlich mit sich, dass Sie auch größeres Wild zu Gesicht bekommen. Trotzdem war die Zahl der **Rehe** oder **Hirsche,** die wir in Europa sahen, enttäuschend gering. Die größte Enttäuschung war die Tatsache, dass wir im Verlauf von fünf Monaten in Skandinavien und im Baltikum keinen einzigen **Elch** entdecken konnten, obwohl viele Warnschilder am Straßenrand aufgestellt waren. Wahrscheinlich hatten sich alle versteckt, um uns zu beobachten. Dafür bekamen wir genügend Rentiere in freier Wildbahn zu sehen. Da sie teildomestiziert sind, hatten sie kaum Scheu und kamen sehr nahe an unseren Hoppel heran.

Ganz anders verlief die Beobachtung von Karibus, Elchen und Wapiti-Hirschen in Kanada und Alaska. Zwar sahen wir nicht den großen Zug der Karibu-Herden, der zweimal jährlich mit Tausenden von Tieren stattfindet,

Rentier

wir konnten aber zahlreiche Einzeltiere oder kleinere Gruppen von Karibus beobachten. Zu lustig sah es aus, wenn große Elchbullen im Wasser der Seen standen und mit dem Kopf unter Wasser die Pflanzen abweideten. Häufig hingen beim Auftauchen des Kopfes die Gräser wie Lametta vom schaufelartigen Geweih. Gefährlich wurde es dagegen, wenn hinter einer Kurve gerade eine Elchmutter mit Jungtieren die Straße überquerte.

Unbestritten sind die Geweihe der mächtigen Wapiti-Hirsche die größten, die wir je sahen.

Wenn ich schon von mächtigen Tieren erzähle, dann darf ich aber auch die beeindruckenden Köpfe und Körper der Bisons nicht vergessen, die wir in Alaska in großer Zahl sehen konnten.

Bären und **Wölfe** haben wir in Europa ebenfalls nicht zu Gesicht bekommen, obwohl es in den Karpaten nur so von ihnen wimmeln soll. Manche mögen sagen: Glück gehabt. Ich hätte aber gerne einmal, natürlich

Schwarzbär auf dem Campingplatz

mit entsprechendem Sicherheitsabstand, Bären in freier Wildbahn erlebt. Wer weiß, was ohne die Lagerfeuer am Abend gewesen wäre.

Die Lagerfeuer in Kanada und Alaska schützten uns ganz sicher vor den vielen Schwarzbären und Grizzlys. Insgesamt konnten wir dort 34 Bären beobachten, zum Teil aus wenigen Metern Entfernung. Es ist ein Traum, die Bären beim Fangen von Lachsen beobachten zu können. Mehrmals erlebten wir, dass Campingplätze wegen der Anwesenheit von Bären geschlossen waren, und einmal besuchte uns ein Schwarzbär direkt an unserem Stellplatz am See am frühen Nachmittag. Wir lasen gerade, als der Bär keine 30 m neben uns aus dem Gebüsch kam und in Richtung Müllcontainer lief. Da in Kanada und Alaska fast alle Müllcontainer aus Stahl und bärensicher sind, gab es für ihn nichts zu holen. Zum Glück hatte ihn der Stellplatzbetreiber auch gesehen und trieb ihn mit lauten Böllerschüssen in den Wald.

Schnell entzündeten wir danach unser Lagerfeuer. Es sei jedem Camper in Kanada und Alaska empfohlen, alle für Bären verlockenden Lebensmittel gut zu sichern und die Womo-Türen geschlossen zu halten. Im Zweifelsfall kann man die häufig bereitstehenden „Food Locker" (Stahlschränke für Lebensmittel) benutzen. Wir sahen auch Gestelle mit Flaschenzügen, mit deren Hilfe man Lebensmittel in luftiger Höhe aufbewahren konnte.

Beim Wandern in der Natur empfiehlt es sich auch, ein sogenanntes „Bärenglöckchen" zu tragen, das jedem Bären in der Nähe die Anwesenheit eines Menschen kundtut. In der Regel sucht er dann das Weite – hoffentlich.

Zum Thema Fauna gehören natürlich auch die **Vögel**. Lange hatte ich in Deutschland keinen **Kuckuck** mehr gehört. Das änderte sich auf dieser Reise jeweils im Frühjahr. Sei es in Skandinavien, in Portugal oder in Tschechien und Ungarn, sie haben uns mit ihren typischen Rufen oft erfreut. Auch das Gezwitscher der **Nachtigall** hat uns in Tschechien und der Slowakei den Frühling nähergebracht.

Störche

Einer Vogelart galt unsere besondere Aufmerksamkeit: den **Störchen**. Hatten wir im Herbst im Baltikum und in Polen nur verlassene Nester gesehen, so konnten wir in Portugal und auf dem Balkan im Frühjahr Hunderte von brütenden Paaren beobachten. Es war sehr schön, die Jungen heranwachsen zu sehen. Nicht selten hatten wir einen Stellplatz mit tollem Blick auf ein Storchennest und konnten Meister Adebar beim Füttern beobachten, begleitet vom lautstarken Klappern der Schnäbel.

Gewundert haben wir uns allerdings über die Plätze, an denen sie ihre Nester bauten: auf Elektromasten oder Kirchtürmen, immer dort, wo es besonders geschäftig und laut zuging. Meist bauten sie ihre Nester mitten in Städten oder Dörfern, an stark befahrenen Straßen oder Kreuzungen. In Portugal und Ungarn sahen wir kilometerlange Straßenzüge, wo sich fast alle 100 m ein Storchennest auf den Elektromasten befand.

Eine weitere Vogelart hat uns überall begleitet und manches Mal auch genervt. Das waren die **Tauben** mit ihrem „Gegurre". Sie dürfen dabei nicht nur die Brieftauben in den Städten im Kopf haben, sondern müssen auch an die verschiedenen Arten von Wildtauben denken. Auf unserer Reise fanden wir fast keinen Stellplatz in der Natur ohne das Gurren von Tauben. Manchmal war dies so durchdringend und andauernd, dass es lästig wurde.

Ähnlich störend konnten auch **Möwen** mit ihrem Geschrei sein, besonders im Frühjahr, wenn sie Junge aufzogen. Einmal standen wir ganz in der Nähe eines Nestes und wurden ständig von den Elterntieren attackiert, sobald wir unsere Tür öffneten.

Wenn ich früher gefragt wurde, welches Tier ich am liebsten wäre, antwortete ich stets: ein Adler. Diese Meinung hat sich nach der Beobachtung der eleganten und kräftigen Weißkopf-Seeadler in Alaska wieder bestätigt. Ebenso beeindruckend waren die majestätisch segelnden Kondore in den Anden, von denen wir einige im Torres-del-Paine-Nationalpark in Chile beobachten konnten.

Heute gibt es leckeren, frischen Lachs

Fische sind mir am liebsten, wenn sie am Angelhaken hängen oder auf dem Teller liegen. Auf unserer Reise habe ich des Öfteren „Köder gebadet", aber leider waren meine Angelversuche nur selten von Erfolg gekrönt. Im Süßwasser gelang es mir nur einmal, einen schönen Hecht zu fangen.

Sehr erfolgreich verlief das Angeln allerdings am Meer in Norwegen, nördlich des Polarkreises. Dort konnte ich selbst vom Ufer aus so viele Fische fangen, dass mich Uschi ausbremsen musste. Die Kühlkapazitäten im Hoppel reichten nicht mehr aus. Seelachs, Makrelen und Dorsche waren die Beute. Am besten bissen die Fische in den späten Abendstunden oder nachts an. Da es im Juli noch bis 2:00 Uhr hell war, konnten wir die Fische auch nachts noch säubern und einfrieren. Als preiswert kann ich die gefangenen Fische trotzdem nicht bezeichnen, denn ich habe mehrere abgerissene teure Blinker und eine zerbrochene Angel zu beklagen.

Am Polarkreis trafen wir deutsche Womosapiens, die einen Anhänger mit Kühltruhe dabeihatten und diese im Nu füllten. Allerdings waren sie mit dem Boot weiter draußen auf dem Meer zum Angeln. Italienische Womosapiens sahen wir, die mit der ganzen Familie angelten und ihre Stauräume dann mit filetierten und gesalzenen Fischen füllten. Wie muss das im Auto gestunken haben?

Inzwischen kann ich gut verstehen, dass sich passionierte Angler auf den weiten Weg nach Alaska machen, um Lachse zu angeln. Es ist ein tolles Gefühl, so einen Prachtkerl von Lachs an der Angel zu haben, wie es mir mehrmals gelang. Vor allem, wenn sie vorher gefühlte Stunden deinen Köder umkreist haben, ohne anzubeißen. Es ist empfehlenswert, bezüglich der Auswahl des Köders auf den Rat der einheimischen Angler zu hören!

Dramatisch ist dagegen der Anblick der vielen Lachse, die nach dem langen Aufstieg die Flüsse hinauf und nach dem Laichen das Zeitliche gesegnet haben und den Pflanzen und Böden entlang der Flüsse nun als natürlicher Dünger dienen.

An dieser Stelle möchte ich noch erwähnen, dass man in Kanada und Alaska eine Lizenz zum Fischen braucht, die in Haushaltswarengeschäften oder Angelläden erhältlich ist (US$ 135 pro Jahr). In der Sommerzeit boomt der Wohnmobiltourismus in Alaska ausschließlich wegen der Lachssaison und viele Campgrounds sind auf die Angeltouristen eingestellt. Spezielle Einrichtungen zum Ausnehmen und Säubern der Fische erleichtern die Verarbeitung des täglichen Fangs. Für gekühlte Einlagerung ist ebenso gesorgt wie für den gekühlten Versand der Lachse oder der zum Teil riesigen Heilbutts. Nicht selten werden durch den Geruch der Fische Bären bis in die Innenstädte gelockt.

Eigentlich müsste ich an dieser Stelle noch über die vielen anderen Tiere berichten, die wir in Namibia, Südamerika und Nordamerika beobachten konnten. Natürlich haben uns die wilden Tiere in der Etosha-Pfanne in Namibia ebenso beeindruckt wie die Seeelefanten, Pinguine und Guanakos in Patagonien. Inzwischen gibt es aber so viele Tiersendungen im Fernsehen, die diese Tiere zeigen, dass ich auf eine weitere Beschreibung an dieser Stelle verzichte. Nur die Begegnung mit einem zahmen Gepard auf einem Campingplatz in Namibia möchte ich noch hervorheben. Nicht jeden Tag hat man die Möglichkeit eine solche Raubkatze zu streicheln. Da steigt der Adrenalinspiegel kräftig an. Schaurig schön.

Ansonsten hat natürlich jedes Land seine typischen domestizierten Tiere. Was wäre die Puszta in Ungarn ohne die rassigen **Pferde** und die putzigen Wollschweine, die seltenen Zackelschafe und die Graurinder? Was wäre Andalusien ohne Lipizzaner und Kampfstiere oder Sizilien ohne Esel?

Sinnestäuschung oder mutiertes Guanako

Mutige Uschi mit Gepard in Namibia

Im Baltikum und in Polen geht der Trend langsam zur **Zweitkuh**. Ob am Straßenrand oder im Garten, überall standen in und um den Dörfern einzeln angepflockte Kühe. Das Gleiche gilt für Rumänien mit Pferden. Nirgendwo sonst sahen wir insgesamt so viele Pferde wie dort.

Wetter

Es gibt eine Wettererscheinung, die wir hassen gelernt haben: **Wind.**

Liegt es an unserer größeren Nähe zur Natur, haben wir uns an exponierteren Stellen aufgehalten oder sind die Klimaveränderungen schuld? Wir haben jedenfalls das Gefühl, dass es in der Vergangenheit weniger Wind gab als heute. An den Küsten erwarteten wir ja eine mäßige bis kräftige Brise, allerdings verfolgte uns der Wind überallhin und ärgerte uns auch im Inland.

In Norwegen mussten wir wegen des starken Windes und hoher Wellen auf eine Whale-Watching-Tour verzichten und später den Besuch des Nordkaps abblasen. In Portugal hatte der kalte Westwind die Gischt der

Brandung bis weit hinter die Küste getragen und wir konnten trotz Sonnenschein das Womo nicht verlassen. In Sizilien und Namibia führte der Wind zu Sandstürmen. Der Sand war so fein, dass er durch jede Ritze drang. Der fast waagerecht fegende Sand prasselte derart auf unsere Brillen und die Windschutzscheibe, dass diese blind und trüb wurden. Sandgestrahlt im wahrsten Sinne des Wortes. Kunststoffteile wie die Blinkerverkleidung am Auto können sich bei zu schneller Fahrweise in nichts auflösen. Auch Grillen am Lagerfeuer macht bei Sandsturm nicht wirklich Spaß, denn mit Sand „panierte" Steaks knirschen kräftig zwischen den Zähnen. Der Zahnarzt kann sich freuen.

Orkanartige Windböen, die aus heiterem Himmel kamen, haben in der Slowakei unsere Markise zerstört, obwohl sie mit Gurten gut gesichert war. Bei diesem Sturm sahen wir Zelte davonfliegen und ein Feuer, das mit Wasser gelöscht worden war, wieder aufflackern.

Achtung! Starker Wind!

Sehr oft konnten wir wegen des Windes die Satellitenschüssel nicht ausfahren, da sie sonst im Wind geflattert hätte und eventuell beschädigt worden wäre. Auch das Fahren mit dem Wohnmobil auf langen, hohen Brücken bei starkem Wind war ein Erlebnis der besonderen Art. Ich musste mich dabei gut konzentrieren und das Lenkrad immer ordentlich festhalten, damit wir nicht im Wasser oder in der Leitplanke landeten.

Von den starken Winden in Patagonien hat man ja schon oft gehört, aber die Wirklichkeit übertraf unsere Vorstellungen. Permanenter Seitenwind von fast 100 km/Std. verleidet einem das Autofahren. Speziell mit einem Wohnmobil, das entsprechend großen Windwiderstand bietet. Da wir niemals im Auto rauchten, mussten wir in Patagonien immer eine Telefonzelle

Windhosen im wahrsten Sinne des Wortes

oder geschlossene Bushaltestellen aufsuchen, wenn wir unserem Laster frönen wollten.

Nie könnten wir auf der Nordseite der Pyrenäen leben. Dort bläst fast das ganze Jahr ein permanent starker Wind. Sogar unsere „Emma", unser Satelliten-Navigationsgerät, warnte uns dort: „Vorsicht, es ist starker Wind zu erwarten!"

Welche Kraft orkanartige Winde haben können, sahen wir in Südschweden, wo ein Orkan eine Schneise der Verwüstung in den Wald geschlagen hatte. Viele Kilometer lagen die Bäume entwurzelt oder abgebrochen neben der Straße. Die Aufräumarbeiten endeten in riesigen Halden von Baumstämmen.

Ebenso erging es der Hohen Tatra. Der ehemals dicht bewaldete Gebirgskamm ist heute über viele Quadratkilometer völlig kahl und büßte so einen Großteil seines Reizes ein.

In der Niederen Tatra haben auch wir einen **Sturm** erlebt, der viele Bäume entwurzelte, die dann die umliegenden Straßen blockierten. An ein Weiterfahren war erst nach den Aufräumarbeiten zu denken.

Sonnenschein, bei mäßigem Wind oder am besten ganz ohne, ist selbstverständlich des Womosapiens liebstes Wetter. Die Landschaft zeigt sich dann gerade am Nachmittag in warmen, leuchtenden Farben. Sie können sich draußen aufhalten und jede Form der Bewegung im Freien genießen: im Wald spazieren gehen und Pilze sammeln, ausgedehnte Strandspaziergänge unternehmen, Muscheln und Bernsteine suchen oder in der Umgebung des Womos Blumen pflücken. Selbst vor dem Womo zu sitzen und zu lesen macht bei schönem Wetter viel mehr Spaß als bei schlechtem drinnen. Sie können romantische Sonnenuntergänge am Wasser beobachten oder auch einmal bei Sonnenaufgang den Nebel über einem See wabern sehen. So viele schöne Sonnenuntergänge wie auf dieser Reise bewunderten wir vorher nur während unserer Tropenreisen.

Auf Sonnenschein folgen aber immer irgendwann **Gewitter** und **Regen**. Zum Glück haben wir, mit Ausnahme des Gewittersturms in der Slowakei, nur wenige negative Erfahrungen sammeln müssen. In San Marino hat einmal nachts ein Blitz in der Nähe des Womos eingeschlagen. Der Donnerschlag kam so urplötzlich und war so laut, dass wir fast aus dem Bett gefallen wären. In Ungarn fällte ein Blitz einen Baum, der beim Umstürzen die Stromleitungen zerstörte, sodass wir auf Strom verzichten mussten.

Kaum vorstellbar, wie laut es sich im Womo anhört, wenn **Hagelkörner** in der Größe von Kirschen auf das Dach prasseln. Hilflos saßen wir im Auto und hofften, dass die Solarzelle keinen Schaden nimmt.

Auch Straßen oder Stellplätze, die wegen fehlender Kanalisation durch **Platzregen** überschwemmt werden, sind uns nicht mehr fremd. In Spanien mussten wir nachts einen Stellplatz verlassen, nachdem das Wasser schon bis zu den Felgen stand. Dummerweise waren die Stützen ausgefahren. Es war kein Vergnügen, im eiskalten Wasser zu stehen und die Stützen einzukurbeln.

Es muss aber nicht immer ein Platzregen sein, der die Laune verdirbt. Tagelang bei **Nieselregen** und mäßigen 6°C durch Nordnorwegen zu fahren war auch kein Vergnügen, zumal bei der kühlen Außentemperatur ständig die Scheiben beschlugen. Besonders am Morgen, wenn wir am Vorabend im Auto gekocht hatten, gehörte es zur Routine, erst einmal die beschlagenen Scheiben zu reinigen.

Mich fröstelt jetzt noch, wenn ich an den Anblick der jungen Mädchen denke, die bei 6°C in Tromsoe/Norwegen mit nacktem Bauch und Badelatschen ohne Strümpfe herumliefen. Sie sind wahrscheinlich andere Temperaturen gewöhnt. Im Winter wird es in Tromsoe außerdem vier Monate lang nicht hell. Ich würde nördlich des Polarkreises Depressionen bekommen und könnte dort nicht leben.

Mit **Nebel** sammelten wir auch unsere Erfahrungen, sei es in den Bergen in Montenegro, auf dem Ätna in Sizilien oder am Strand von Portugal. Hier haben wir im März mehrfach beobachtet, dass man vom Stellplatz keine 50 m über den Strand bis zum Wasser schauen konnte.

Es ist von großem Vorteil, dass moderne Wohnmobile eine relativ gut isolierte Außenhaut haben. Denn von -6°C mit Eiszapfen am Auto bis zu 44°C im Schatten erlebten wir auf unseren Reisen alles. Unsere gemieteten Pick-Up-Camper in Namibia und Südamerika waren zudem unzureichend isoliert und auch nur in Südamerika mit einer kleinen Gasheizung ausgerüstet. So erlebten wir, dass selbst in einer der regenärmsten Wüsten der Welt – der Namibwüste – morgens das (Kondens)Wasser von der Decke tropfte wie in einer Tropfsteinhöhle, weil der Taupunkt unterschritten wurde und die Wände nicht isoliert waren.

In den Anden, in Südchile, spürten wir die frostigen Außentemperaturen im Camper, als hätten wir im Freien geschlafen. Habe ich vielleicht deshalb unbemerkt 5 kg Gewicht verloren? Schließlich verbraucht der Körper bei nur 4°C Innentemperatur im Auto mehr Kalorien zur Erhaltung der Körpertemperatur als sonst. Oder ist der Gewichtsverlust doch eher auf die kalorienarme Ernährung mit gegrilltem Rinderfilet zurückzuführen …?

Während Sie bei Minusgraden gut heizen können, ist die Nutzung von Klimaanlagen bei dauerhaft extrem hohen **Temperaturen** nicht immer unbegrenzt möglich. Meist reicht die Fahrerhausklimaanlage nicht aus, um den gesamten Wohnraum zu kühlen, und außerdem ist sie nur während der Fahrt nutzbar. Die Dachklimaanlage ist ebenfalls auf den laufenden Motor oder auf Wechselstrom angewiesen. Hierbei ist die Nutzung allerdings von der Leistungsfähigkeit des Wechselrichters abhängig. Dieser wird nach einiger Zeit extrem heiß und schaltet auch schon einmal zur Sicherheit selbsttätig ab.

Wochenlang hatten wir in Sizilien und später in Rumänien und Bulgarien mit Temperaturen über 35°C zu kämpfen. Leider fiel in Süditalien die Dachklimaanlage aus (gebrochene Kühlmittelleitung durch ständige Vibrationen). An das Schlafen bei Temperaturen über 30°C mussten wir uns erst gewöhnen. Wir fühlten uns direkt in die Tropen versetzt. Dagegen war es angenehm, in Sizilien auf dem Ätna in über 2.000 m Höhe kühlere Nachttemperaturen vorzufinden. Mehrfach erklommen wir die Serpentinen auf den Ätna nur, um gut schlafen zu können.

In Bulgarien war es so heiß, dass uns einmal beim Einkaufen von sechs Mineralwasserflaschen drei auf dem Weg über den Parkplatz zum Auto explodiert sind. Wir dachten bei dem Knall schon an einen Bombenanschlag und haben uns heftig erschreckt. Eine „schöne" Sauerei, wenn der ganze Einkauf durchgeweicht ist.

Kultur und Menschen
Kultur

Eigentlich sind wir Kunst- und Kulturbanausen. Die Besichtigung von toten Steinen und Museen gehört nicht zu unserer favorisierten Freizeitgestaltung. Trotzdem besichtigten wir das ein oder andere kulturhistorische Museum. Meist handelte es sich dabei um völkerkundliche Museen wie z. B. eines der Samen in Lappland oder eine Darstellung der Lebensweise der Hirten in der ungarischen Puszta. Sowohl in Neuseeland als auch im Baltikum, in Skandinavien und in Ungarn besichtigten wir verschiedene wiederaufgebaute alte Goldgräbersiedlungen oder Museumsdörfer, z. B. das Wikingermuseum auf den Lofoten. Aus unserer Sicht sind diese im Vergleich zu Kunstmuseen irgendwie „lebendiger", zumal oft alte Handwerkskunst und die Lebensweise der Menschen szenisch nachgestellt werden. Manches können Sie auch selbst ausprobieren. Wenn Sie z. B. einmal selbst Gold gewaschen haben, können Sie die anstrengende Arbeit viel besser nachempfinden. „Now you are rich", meinte der Aufseher in Neuseeland scherzhaft, nachdem wir mühsam ein paar wenige Goldblättchen ausgewaschen hatten.

In Kanada und Alaska sind wir den Spuren des Goldrausches gefolgt und besichtigten manche alte Goldgräbersiedlung. In Dawson City und

Umgebung fühlt man sich, wie auch in Skagway/Alaska, teilweise um 100 Jahre zurückversetzt und denkt oft: „Jetzt kommt gleich „Wolfsblut" aus Jack Londons Roman um die Ecke." Auch die urigen Typen mit langen Bärten und karierten Holzfällerhemden scheinen dem Buch entsprungen zu sein. Vor allem, wenn sie auf dem Campground vor ihren historischen Wohnmobilen sitzen, die wie silberne Eier aussehen, und am Lagerfeuer Gitarre spielen. Wie sagt man so schön: Das hat was. Richtig romantisch.

Aberglaube und Glaube

Immer wenn wir freitags oder samstags unterwegs waren, hielten wir Ausschau nach Hochzeitspaaren. Wir sind etwas abergläubisch und glauben, dass der Anblick eines frisch verheirateten Paares Glück bringt. Auf unserer zweieinhalbjährigen Reise sahen wir viele Hochzeitspaare, teilweise in landestypischen Trachten und teilweise in hochmodernen, aufwendigen Kleidern. Wir staunten nicht schlecht über den Aufwand, den neureiche Rumänen bei ihren Hochzeiten für die Garderobe betrieben.

Gerade an den sogenannten Glückstagen wie dem 6.6.2006 oder dem 7.7.2007 konnten wir besonders viele Hochzeitsgesellschaften entdecken. Den Rekord erlebten wir in Brasov in Rumänien, wo zwölf Hochzeitspaare gleichzeitig im Stadtpark fotografiert wurden. Besonders romantisch war der Anblick der fünf Brautpaare in Nordsizilien, die bei Sonnenuntergang am Strand für ein Foto posiert haben. Nur schade um die nass und schmutzig gewordenen Hochzeitskleider.

Ebenso abergläubisch sind wir in Bezug auf Beerdigungen. Nur einmal, in einem Dorf in Rumänien, beobachteten wir eine Beerdigungsprozession und prompt hatten wir am nächsten Tag einen kleinen Unfall in einem Kreisel und mussten danach noch mehrere Stunden eine extrem schlechte Straße passieren. Zufall?

Erstaunt hat uns generell die Gläubigkeit der Bevölkerung in den neuen EU-Ländern. Dafür, dass die Ausübung eines Glaubens über mehrere Jahrzehnte untersagt wurde, erlebt der Glaube nun eine erstaunliche neue Blütezeit. Dies spiegelt sich nicht nur in den vielen, schön renovierten Kirchen wider. Besonders in Polen, aber auch im Baltikum und auf dem Balkan sehen Sie fast an jeder Straßenkreuzung ein bunt geschmücktes Kreuz,

Berg der Kreuze

einen sorgfältig gepflegten Altar oder eine blumengeschmückte Muttergottes. Es hat uns dagegen nicht überrascht zu sehen, welcher Aufwand über Ostern in Spanien betrieben wird. Selbst in kleinen Ortschaften finden in der Osterwoche (*Semana Santa*) aufwendige Prozessionen mit Heiligenfiguren statt, die unter lautem Getrommel von vielen Männern und Frauen durch den Ort getragen werden. Wir sahen dabei eine Figur, die so schwer war, dass sie von 60 Männern getragen werden musste.

Interessant waren europaweit auch die Unterschiede in der Friedhofskultur, die wir beobachten konnten. In Spanien und Italien sind die Friedhöfe von hohen Mauern umgeben und fast jede Familie hat eine eigene kleine Kapelle oder Gruft. Dagegen sind die Friedhöfe in Osteuropa alle offen und mit viel schmiedeeisernem Kunsthandwerk geschmückt. Im Baltikum sahen wir an jedem Grab eine kleine Bank oder sonstige Sitzgelegenheit, auf der man sitzen und in Ruhe mit seinen verstorbenen Angehörigen „reden" kann. Nirgendwo sonst gab es so viele künstliche Blumen wie auf polnischen Friedhöfen.

An einem Ort war die Gläubigkeit der Menschen ganz besonders zu spüren: am „Berg der Kreuze" in Siauliai in Litauen. Hunderttausende von Kreuzen in allen Größen wurden hier im Verlaufe von Jahrhunderten zu Ehren der Verstorbenen von Pilgern aufgestellt. Selbst der Papst gedachte hier schon seiner Angehörigen. Wer kein Kreuz mitgebracht hat, kann am Eingang eines erwerben und es mit einem Namen versehen lassen.

In Fatima/Portugal dachten wir aus der Entfernung zunächst, dass die Kirche abbrennen würde. Die Pilger hatten so viele Kerzen gespendet und entzündet, dass diese sich gegenseitig zum Schmelzen und Brennen gebracht hatten. Der schwarze Qualm war schon aus großer Entfernung zu erkennen.

Was in Menschen vor sich geht, die wie hier in Fatima mehrere Kilometer auf Knien zu den Pilgerstätten rutschen, wird mir immer ein Rätsel bleiben.

Sitten und Brauchtum

Nicht nur die sakralen Bräuche zu beobachten war für uns interessant. Ein besonderes Erlebnis war es auch, am Mittsommernachtsfest in Schweden teilzunehmen. Bei schönem, sonnigem Wetter auf der Wiese zu liegen und die Musik- und Tanzdarbietungen in alten Trachten zu beobachten hat viel Spaß gemacht. Ein netter Anblick waren auch die vielen Kinder mit ihren Blumenkränzen im Haar.

Im Vorfeld des „Midsommar"-Festes waren wir mehrfach vorgewarnt worden, dass das Fest zu einem großen Saufgelage ausarten würde. Keine Spur war davon zu erkennen, zumindest nicht in Karlstad, am nördlichen Ende des Vänernsees, wo wir dem Fest beiwohnten.

Auch durch Womosapiens-Kollegen lernten wir fremde Bräuche und Sitten kennen, so z. B. durch schottische Nachbarn an Weihnachten und Silvester in Spanien. Zum Weihnachtsdinner gibt es in Schottland immer ein großes Knallbonbon mit lustigen Überraschungen darin. Und das Essen wird mit einer bunten Pappkrone auf dem Kopf eingenommen. Stößt man in Deutschland an Silvester um Mitternacht mit Sekt oder Champagner an, isst man in Spanien als Glücksbringer zwölf Weintrauben – für jeden Monat des Jahres eine. Und unsere britischen Nachbarn trinken traditionsgemäß schottischen Whisky dazu. Den spanischen Glücksbringer an

Neujahr muss man sich erst „erarbeiten". Es handelt sich dabei um eine Bohne, die in einem Neujahrskuchen eingebacken ist und nach dem Verspeisen des Kuchens im Garten ausgesät wird. Und Engländer mögen bunte Dekoration: Wenn Sie zur Weihnachtszeit über einen überwiegend mit Engländern belegten Campingplatz laufen, kommen Sie sich vor wie auf dem Rummelplatz. Die Wohnwagen und Wohnmobile sind mit Lichterketten geschmückt und überall blinkt es in allen Farben.

An einem Ort in Europa wird ganzjährig Weihnachten gefeiert: in Rovaniemi in Finnland am Polarkreis. Dort ist nämlich der Nikolaus zu Hause. Es ist allerdings recht befremdend, wenn bei 25°C im Sommer Weihnachtsmusik über den Platz plärrt und japanische Touristengruppen Fotos vom Nikolaus schießen. Natürlich nachdem sie sich mit entsprechenden Weihnachtssouvenirs eingedeckt haben.

Hier gibt es auch das Postamt des Weihnachtsmanns. Pro Jahr sollen hier bis zu 3.000.000 Briefe aus aller Welt eintreffen, die an den Weih-

Mate-Tee

nachtsmann gerichtet sind. Für jedes Land gibt es ein Postfach, alphabetisch sortiert. Lange haben wir nach dem Fach von Deutschland oder Germany gesucht, bis uns einfiel, dass Deutschland auf Finnisch *Saksa* heißt.

Wissen Sie, was Mate-Tee ist? Ein Getränk aus bitteren Kräutern, ohne das fast kein Argentinier aus dem Haus gehen würde. Überall in den Straßen, auf Plätzen und in Fahrzeugen sieht man die Menschen mit einem Becher voll Kräuter und einer Thermoskanne bewaffnet. Selbst auf Motorrädern sahen wir die Fahrer während der Fahrt an den mit einem Sieb bestückten Trinkhalmen saugen. Viele Restaurants oder auch Tankstellen sind darauf eingerichtet, die Thermosflaschen kostenlos mit heißem Wasser zu befüllen. Natürlich probierten wir ihn auch. Igitt, wie bitter, das ist nichts für uns.

Begegnungen

Gerade die Begegnungen mit Menschen im Allgemeinen und der Kontakt zu gleich gesinnten Womosapiens im Besonderen machen den Reiz einer Reise wie der unsrigen aus.

Vor allem in den Nachmittagsstunden, wenn alle auf ihren Campingstühlen vor dem Womo sitzen, um den Tag ausklingen zu lassen, ergeben sich gute Gelegenheiten, um Schwätzchen zu halten. Da Sie immer wieder neue, interessante Menschen treffen, bekommen Sie auch immer wieder die Möglichkeit, neben dem Erfahrungsaustausch Ihre „ollen Kamellen" an den Mann/die Frau zu bringen.

Ob es der Student war, der von uns eine Dose Bier kaufen wollte und dann doch lieber fünf bis sechs Gläser kostenlosen Rotwein vorgezogen hat, oder der Professor, der nur mal eben „Hallo" sagen wollte und dann unsere Vorräte ausgetrunken hat – immer hatten sie nette Geschichten zu erzählen und wir empfanden die Gesellschaft stets als angenehm.

Obwohl man sich gerade erst kennengelernt hatte, kam es oft zu längeren Abenden im Gespräch mit den Nachbarn. Wenn dies im Freien nicht möglich war, dann trafen wir uns in dem einen oder anderen Womo. Sehr unterhaltsam waren die Abende, bei denen jeder „seine" kulinarischen Spezialitäten mitbrachte, so z. B. selbst gebackenes Brot, Dosenwurst aus Ostdeutschland oder diverse heimische Obstwässerchen.

Gerade auf unserer Tour nach Südosteuropa lernten wir sehr freundliche Womosapiens aus Ostdeutschland kennen, die uns ihre umfangreichen Erfahrungen aus den südosteuropäischen Ländern vermittelt haben.

Meist wurden auch Visitenkarten und Handynummern getauscht, um sich eventuell später noch einmal zu treffen oder z. B. im Konvoi zu fahren. Wir trafen ältere Womosapiens, die seit Jahren in Marokko überwinterten und uns am liebsten mitgenommen hätten.

In unserem Fall kam es mehrfach zu weiteren persönlichen Kontakten. Mit zwei Womosapiens-Paaren treffen wir uns noch heute von Zeit zu Zeit, wenn wir in Deutschland sind. Mit anderen gibt es noch E-Mail-Kontakt um die halbe Welt, bis nach Nepal. Es kann aber auch vorkommen, dass zufällig die gleiche Reiseroute eingeschlagen wird und man sich unvorhergesehen wiedertrifft. Die schönen, exponierten Stellen sind eben unter Womosapiens bekannt und werden von allen mit Vorliebe angefahren.

Speziell in Chile und Alaska lernten wir Womosapiens kennen, die wir auf den mehrmonatigen Reisen häufiger zufällig wiedertrafen. Es hat immer Spaß gemacht, gemeinsam am Lagerfeuer zu sitzen und Erfahrungen auszutauschen. Ob es das ältere Ehepaar aus Lichtenstein war, das im Alter von über siebzig ein Jahr mit einem Kleinbus durch Südamerika fuhr, oder das dynamische Paar in unserem Alter, das mit einem 500.000 € teuren Weltreisemobil die Erde umrundete – es war immer eine Freude, sie wiederzutreffen. Einmal hatten wir Pech. In Kroatien lernten wir ein Ehepaar kennen, mit denen wir lange Zeit per E-Mail in Kontakt standen, und verabredeten uns in Sibirien am Baikalsee. Sie waren mit dem Womo unterwegs und wir mit der Transsibirischen Eisenbahn. Wegen fehlenden Handyempfangs verpassten wir uns auf der Insel Olchon im Baikalsee nur um wenige Kilometer, wie sich später herausstellte. Schade.

Hervorzuheben ist die Hilfsbereitschaft unter den Womosapiens, ob es nur um das Ausleihen eines Werkzeugs geht oder um das Herausziehen aus einem Sandloch. Da wir sehr viel Ausrüstung und Werkzeug dabeihatten, kamen wir uns teilweise wie reisende Samariter vor.

Manches Mal fühlten wir uns auch wie ein Kummerkasten für gebeutelte Seelen. Da gab es z. B. die ältere holländische Dame, die Krach mit ihrem Mann hatte und sich bei uns ausgeweint hat, oder das Künstlerehe-

"Deutsches" Treffen in der südlichsten Stadt der Erde

paar, das wir nach einem Überfall wieder moralisch aufbauen mussten. Moralische Unterstützung konnte auch ein Womosapiens-Paar gebrauchen, das aus einer geführten Gruppe von Womos, die aus der Ukraine kam, ausgestoßen worden war.

Wir haben aber auch reichlich naive Zeitgenossen getroffen. Zum Beispiel begegneten wir einem jungen Pärchen, das mit einem 20 Jahre alten Fahrzeug ohne grüne Versicherungskarte nach Rumänien gefahren war, obwohl es vorgeschrieben ist, diese dabeizuhaben. Ihr Fahrzeug war so marode, dass auf den schlechten Straßen Rumäniens die Schränke von den Wänden fielen, und sie hatten nicht einmal ein paar Schrauben und einen Schraubenzieher dabei. Wir trafen auch ein Schwerbehinderten-Paar, das keinen Behindertenausweis dabeihatte und sich über fehlende Parkplätze beschwerte.

Eher lustig fanden wir die Begegnung mit einer polnischen Familie, die in Rumänien wegen der angeblich hohen Kriminalitätsrate Angst um ihr Hab und Gut hatte und uns bat, darauf aufzupassen. Die Rumänen scheinen in dieser Hinsicht in Polen einen ähnlich schlechten Ruf zu haben wie die Polen in Deutschland.

Nur einmal, im norwegischen Ålesund, trafen wir einen wirklich unfreundlichen Zeitgenossen. Auf dem Stellplatz hinter der Kaimauer standen viele Womos in Reih und Glied und einige der Womosapiens haben von der Kaimauer aus geangelt. Dazu sind sie vor den Womos auf und ab gegangen. So tat ich es auch, bis sich unser norwegischer Nachbar dadurch in seiner Intimsphäre gestört fühlte und nichts Besseres zu tun hatte, als zwei Schnüre zwischen sein Womo und die Kaimauer zu spannen. Nur damit niemand vor seinem Fahrzeug vorbeilaufen konnte. Naja, vielleicht hatte er gerade Ärger mit seiner Frau oder selbst keinen Fisch gefangen und war deshalb schlecht gelaunt. Sehen wir es ihm nach, er war schließlich eine Ausnahme.

Gastfreundschaft

Es überrascht nicht, dass gerade in Osteuropa die Menschen sehr gastfreundlich sind. Da kommt es auf privaten Stellplätzen schon einmal vor, dass Sie am Nachmittag einen Schnaps angeboten bekommen. Gerne verschenken die Osteuropäer auch frisches Obst oder Gemüse aus dem eigenen Garten.

Ich glaube kaum, dass man in Deutschland erfahren kann, was wir in Rumänien erlebten. Der Gast eines Gartenlokales, den wir auf der Suche nach einem Stellplatz nach dem Weg fragten, ergriff sein Handy und telefonierte. Dann goss er sein halbvolles Glas Bier in den Garten und stieg anschließend in sein Auto, um uns vorauszufahren und den Weg zu zeigen.

Ein Pole war es, mit dem wir in den Masuren am Lagerfeuer saßen und der uns mit polnischen gefüllten Klößen und Bratwürsten bewirtete.

In Norwegen, wir übernachteten auf dem Gelände eines kleinen Hafens, klopfte es einmal an der Tür und ein älterer Herr stand mit einem Eimer voller Fische davor. „Wollen Sie Fisch?" fragte er auf Deutsch, und schenkte uns einen halben Eimer Fischsteaks. Nach angeregter Unterhaltung entpuppte er sich als „Überbleibsel" der deutschen Besatzungszeit aus dem Zweiten Weltkrieg.

Mehrfach durften wir auch die Gastfreundschaft der Menschen in Neuseeland erfahren. Nicht nur, dass wir von einem Farmer angesprochen und

Freundliche Farmer laden zum Übernachten und zum Lagerfeuer ein

eingeladen wurden, auf seinem Farmgelände in toller Lage an einem klaren Fluss zu übernachten. Er bewirtete uns auch noch mit frischen, gegrillten Leckereien vom Lamm.

Ein anderes Mal, auf einem Campingplatz, sah die Frau eines Womosapiens, dass ich erfolglos angelte und schickte ihren Mann, um uns von seinen gefangenen Fischen einen aussuchen zu lassen und uns zu schenken. Nachdem wir uns bei ihren Kindern mit kleinen Stofftierchen bedankt hatten, brachten sie uns auch noch einen vollen Teller gebratener Jakobsmuscheln. Dies war kein Einzelfall, denn auch auf anderen Campingplätzen in Neuseeland wurden wir mit Muscheln und sogar filetierten Fischen beschenkt. Ebenso erging es uns in Kanada und Alaska. Auch hier schenkte man uns mehrfach filetierten Lachs oder eine große Tüte riesiger Krebsscheren. Hmmmmh, wie lecker!

In Südchile lud uns ein zufällig vorübergehender Passant zu sich nach Hause zum Mittagessen ein. Wir waren aber gerade am Kochen und mussten die Einladung dankend ablehnen. Außerdem wollten wir den „Bushi 3" nicht unbewacht zurücklassen. Sahen wir so bedürftig aus, war es selbstverständliche Gastfreundschaft oder war man einfach froh über nette Nachbarn?

Es begab sich auch in Neuseeland, dass wir in einem Stau stehend aus Versehen beide Türen von außen verriegelten und der Schlüssel sich noch im Womo befand. Ohne gefragt zu werden, kamen zwei Neuseeländer und boten ihre Hilfe an. Schnell hatten sie in der Fahrzeugschlange zwei Drahtkleiderbügel aufgetrieben und „knackten" unser Auto um die Wette.

In Calabrien lud uns ein freundlicher Bauer zur Übernachtung auf sein Strandgrundstück ein und wollte weder Geld noch eine Dose Bier dafür haben.

Eher als un-gastfreundlich ist sicher das Verhalten eines Platzbesitzers in den Karpaten zu bezeichnen. Erst wollte er für das Stehen auf seiner Wiese mit unbrauchbaren Sanitäranlagen € 20 haben (wir zahlten aber nur € 10), dann verriegelte er auch noch das Tor mit einer Kette und empfahl uns, am Morgen doch einfach das Tor aus den Scharnieren zu heben. Nur dank einer herumliegenden Axt konnten wir aus dem „Gefängnis" ausbrechen. Seltsames Verhalten! Zum Glück war dies eine der wenigen Ausnahmen – die positiven Erfahrungen überwiegen bei Weitem.

Pause

Inzwischen sind seit der Kündigung unserer Jobs fast 15 Jahre vergangen und wir bereuen nichts. In diesen 15 Jahren sind wir sechs Jahre gereist und lebten davon vier Jahre ausschließlich in verschiedenen Wohnmobilen. Die längste Zeit davon, mehr als zweieinhalb Jahre, in unserem „Hoppel", den wir mit Tränen in den Augen verkauften. Insgesamt blicken wir auf eine schöne Zeit zurück. Nie hatten wir einen ernsthaften Streit, von einigen Meinungsverschiedenheiten über Routenführung oder Standort des Stellplatzes einmal abgesehen. Obwohl wir auf engstem Raum lebten, sind wir uns nie auf die Nerven gegangen.

Die Wohnmobilreisen führten uns insgesamt durch 37 Länder und wir legten dabei ca. 150.000 km zurück. Dabei lernten wir die unterschiedlichsten Menschen, Kulturen und Landschaften kennen. Zumal die Eindrücke der Womo-Reisen noch durch eine mehrmonatige Reise mit der

Transsibirischen Eisenbahn von St. Petersburg bis nach Wladiwostok mit einem Abstecher in die Mongolei sowie eine mehrmonatige Reise durch Südafrika ergänzt wurden.

Wenn es auch noch viel zu entdecken gibt und noch einige Länder auf unserer Wunschliste stehen, haben wir uns entschieden, nun zunächst einmal eine Pause einzulegen und uns etwas Ruhe zu gönnen.

Uschi und Norbert Bobrich

Den Plan, die Erde mit einem Weltreisemobil zu umrunden, haben wir inzwischen völlig aufgegeben. Vielleicht sind wir zu bequem geworden. Jedenfalls wollen wir die Mühen, die dies mit sich bringen würde, nicht mehr auf uns nehmen. Der Gedanke an die bürokratischen Hindernisse und die Anstrengungen, einen zentnerschweren Reifen wechseln zu müssen, schreckt uns ab.

Zunächst einmal genießen wir das ungezwungene Leben im überwiegend sonnigen Spanien in einer der verbliebenen „Oasen" an der Costa Blanca. Gemäß dem Sprichwort „Reich ist, wer Herr über seine Zeit ist" fühlen wir uns sehr reich.

Aufgrund familiärer und gesundheitlicher Gründe hat sich die Zeitspanne der Pause von ursprünglich drei Jahren auf inzwischen mehr als sieben Jahre verlängert. Nichtsdestotrotz planen wir inzwischen eine erneute, längere Reise mit einem Allradcamper durch Chile, das uns mit seiner beeindruckenden Landschaft in seinen Bann gezogen hat.

Wir hoffen, unsere gesundheitliche Situation lässt noch viele weitere Reisen im Wohnmobil zu.

Denn die Womosapiens sind uns ans Herz gewachsen.

Werde Fan bei Facebook und Instagram!

www.facebook.com/outdoorverlag
www.instagram.com/outdoorverlag

Neue Bücher   **Outdoornews**

Deine Fragen und Kommentare

Neuigkeiten aus dem Verlag

Messetermine & Veranstaltungen   **Fotos**